不受傷害也不傷害人的說話練習

寫給想要擁有美好關係的你

林玎珉 著

陳品芳 譯

溝通中最重要的不是說，而是聽。

彼得・杜拉克（Peter Drucker）

〔推薦1〕

「蛤蟆先生」先學習傾聽內心

金鐘司儀、聲藝創辦人、Podcast 馬克信箱製作人
／歐馬克

呱呱呱⋯⋯呱呱⋯⋯呱呱呱呱呱⋯⋯

你知道我想表達些什麼嗎？

我也不知道。

抱歉，這不是在惡搞，請先別急著升起情緒，這是我們日常人際互動的真實情況。說話的人沒有搞清楚他的目的，聽話的人也不會通靈，搞不懂對方到底想說什麼。

當我們呱呱墜地後，面對外界的情緒反應從純粹的快樂、憤怒、悲傷、恐懼，如同顏色的原色一樣慢慢融合變化，開始產生出更多樣複雜的結果。而那些結果需要更精密的語句與認知去辨認它，例如 turquoise，這是某種特別的綠色，如果你不知道它的名字，你就無法辨識出它來。情緒也是同理，如果你沒有對情緒更深入的理解，無法辨認出現在的你是什麼情緒，你也就無法管理情緒，更別提溝通表達與好的人際關係。

當初創辦「聲藝」就是希望能透過聲音探索自己，藉由聲音這個內在與外在的中介，向內理解自己的內在聲音，也只有自己的內在被安頓了，才能有效地對外溝通與表達。

我們常常花了太多的精力在追逐外在的溝通術與表達技巧，卻忽略了我們應該付出同等的心力向內理解與整合自己的聲音。

要有美好的關係，不僅只是說好話，而是從心出發地把話說好。我們都是蛤蟆先生，需要先向內探尋內在的聲音，以期能對外表達出精采的自我。

〔推薦2〕

將溝通理論實踐於日常

臨床心理師／蘇益賢

溝通分析是個幫助人們往內看見自己需求與狀態的好工具；同時，該架構也能幫助我們更清楚認識眼前與自己溝通的這個人，他／她現在的狀態是什麼。不過，相關理論的原典對一般大眾來說並不容易親近。很高興看見本書出版，相信在作者清晰易懂的解釋，搭配相關問卷的自我評估、開放提問的自我省思之後，讀者都能藉由這套工具，在溝通時刻穩穩地「知己知彼」，進而找到有效溝通的關鍵鑰匙！

〔譯者推薦〕

提醒自己「記得對話的目的」

譯者／陳品芳

年紀增長後的父母，似乎比他們的中壯年時期更難溝通，這一點相信每個人或多或少都感同身受。我媽媽的身體一直不好，時不時就會生些小病。今年有一次她生病卻依然堅持出門，怎麼也勸不聽，我一氣之下口不擇言地說：「都這把年紀了，照顧好自己的身體，不要給人添麻煩。」而她自然也是不甘示弱地回了幾句不怎麼好聽的話。

結束這段對話，回到螢幕前面對譯稿，我想起了本書裡〈記得對話的目的〉章節。仔細想想，會希望勸她在家好好休息、叮嚀她照顧好自己的身體，且在她說不聽的時候感到不愉快，應該都是出自於對家人的擔心吧。如果在稍早對話的當下，能試著意識到自己真正的用意，好好把這份擔憂說出口，大概也不會有那樣傷害彼此情緒的衝突了。

隔天，我把自己的擔憂告訴她。提醒她就像她時刻擔心我的健康一樣，我也在乎她的身體。她明白我的勸阻其實是出自對家人的關心，讓這件事最後有了一個還算圓滿的結果。

身為一名書籍譯者，最幸福的事情，莫過於靠翻譯養活自己的過程中，也能得到許多有用的知識或感動的體悟。《不受傷害也不傷害人的說話練習》對一直不擅長說話的我來說，確實滿足了其中一個條件。能夠跳脫早就習以為常的對話模式，讓我覺得自己的生活真的有了點改變，也覺得能透過翻譯把這本書介紹給讀者，實在非常榮幸。謝謝大田出版社邀請我翻譯《不受傷害也不傷害人的說話練習》，也讓我有機會寫下這段文字跟讀者分享。雖只是一個小小的生活插曲，卻也實際證明了這本書帶給我正面的影響，希望它能幫助大家的溝通更加順暢。

【來自韓國的推薦】

不被帶刺的話所影響
能夠沉著應對的成熟溝通方法

許多人際關係的問題，皆源自於錯誤的對話。韓國最頂尖的溝通專家林玎珉，透過溝通分析這項心理學理論，找出改善錯誤對話、創造幸福人際互動的溝通祕訣。只要深入理解、善用本書中介紹的對話方式，不僅能提升團隊內的同事關係，更能增進家人情誼，甚至拉近他人與自己的關係。

＿李明盧（音譯），社會發展研究院院長 · 教育學博士

如同工作方式會影響工作效率，溝通方式同樣也會大大影響人際關係。透過林玎珉的指導，我學會如何以更有彈性的溝通方式，讓對方能接受自己的觀點，如今我感覺在談生意跟日常生活時都更加輕鬆。除了學術理論之外，書中也提出了實踐的方法。希望能有更多人透過這本書，讓自己的溝通能力有實質的提升。

＿金英必（音譯），GS Eco Metal · Innopolytech 代表

業務員的成功法則是 HST，分別代表 Habit、Shop 與 Technique。也就是說，必須要有好的習慣、正確的心態與要領，才有辦法在工作上獲得良好的成果。溝通法則也是一樣。由演說專家林玎珉撰寫的這本書，教會我們說好話的習慣、對待人的態度與溝通的技巧。如果能夠具備這三項條件，那肯定能藉著成熟的對話方式，與人們建立良好的關係。

＿河碩太，HST 集團（株）代表理事 ·《業務成功法則》作者

目錄 CONTENTS

Part 4

幫助關係改變的實戰溝通法

〔Prologue〕

首先應該察覺自己的溝通方式

「站在人前總會讓我緊張發抖。」
「我想把話說得更好、更有條理。」
「我說話很冗長，希望能夠更簡明扼要一些。」
「該怎麼做才能讓自己的話更有說服力？」
「我想改變自己說話的語氣。」
「我想成為一個懂得說話藝術的人。」
「要怎麼做才能跟家人有良好的溝通呢？」
「我想知道在遭遇衝突的時候，要怎麼樣才能說話不帶情緒。」
「有什麼方法能跟職場上司進行愉快的對話？」

在企業演講、公開特講或造訪教育院時，經常遇到有人向我吐露他們對溝通的煩惱。我曾經在一場線上演講當中，收到超過一百五十個事前提問。才發現無論到哪裡，人們都想學習「說話的技巧」，也想知道如何才能把話說好。

我到許多企業與大學舉辦溝通技巧演講，也提供一對一教學，幫助許多人改變，所以我能很明確地回答這些問題。**但是，認為只要知道方法就能把話說好，那可是一種誤會。**

會投資時間與金錢上溝通課的人，通常都是為了工作需求。他們可能在就業、離職、銷售、顧客應對、競爭標案簡報、報告、演講或講課、節目訪問等過程中，因為說錯話而導致個人形象受損或能力不被認同等挫折。他們因為沒有獲得理想的成果，而感到不安並產生危機意識，希望能在人群面前主張自己的理論，用更有自信的態度說服大眾。我很能體會想學習說話技巧，並盡快運用在實戰中的那顆心，**但不考慮人際關係與溝通的本質，只是一再重複「技巧訓練」，仍無法在真實生活中派上用場。**

我想反過來問「為什麼想把話說好？」「把話說好代表什麼意思？」「像現在這樣說話，對方能理解多少？」「什麼時候會讓你覺得溝通不良？」「當時你有什麼感受？」

「對方的情況或心情如何？」「希望對方怎麼說比較好？」「用什麼方式提出要求，對方才會答應？」無論是與他人對話還是在眾人面前演講，其核心都是選擇自己想與對方建立什麼關係、想與對方如何溝通。

市面上有許多教導人們如何把話說好的書。在網路書店輸入「說話技巧」「演講」等關鍵字，便能找到上千本相關書籍。輸入「話術」「語言」「對話」「聲音」等關鍵字，還能搜尋到更多。我認為說話不是一種「知識」而是「技術」，所以我總是強調不該「學習」而是該「訓練」。知識是透過學習「了解原本不知道的事」，技術則是透過訓練「學會做不了的事」。所以說話就像藝術或運動，是一種需要用身體熟悉的技術。不過漫無目的地學習說話技術，仍舊無法把話說好。這也是為什麼市面上相關書籍這麼多，我們依然沒能把話說好的原因。

如果想用跟現在不同的方式溝通，首先必須檢視自己的說話習慣，並了解我們與自己的溝通方式。問問自己在什麼情況下（目的、目標、環境等）說話、對象是誰、他們跟我的關係如何、用什麼方式溝通、話者與聽者的狀況如何等等。當我們回答完這些問題，那對聽者與整個說話情境的後設認知便會提升。

美國發展心理學家約翰・弗拉維爾（J. H. Flavell）在一九七六年首度使用「後設認知」一詞，強調在人類的認知能力當中，後設認知的發展最為重要。認知（Cognition）是明確認識且知道特定事實之意，後設認知（Metacognition）則是從認知更進一步，從更高的角度觀察、發現、控制自身認知的精神作用。簡單來說，就是知道自己知道些什麼、不知道些什麼。

美國哥倫比亞大學心理學系麗莎・孫（Lisa Son）教授曾說「後設認知能力是透過學習，了解自己不知道什麼。」所以後設認知能力較高的人，在溝通時便不會任意評論、猜測或誤會自己不知道的狀況與說話對象的面貌。他們說話時，也會清楚區分事實與個人的推測或判斷。數千年前，古希臘哲學家蘇格拉底便為了喚醒人們的無知，而以問答的方式傳遞自己的思想，這也是一種強化後設認知的訓練。「認識你自己」這句名言，就是先賢對後設認知的教誨。在不認識自己與對方且不了解狀況的前提下，絕對無法讓溝通暢通無阻。

尤其我會運用溝通分析（Transactional Analysis, TA），幫助我掌握自己與對方的自我狀態，提升自己的後設認知與應對能力，以求掌握狀況並正確與對方建立關係。

除了一般的對話之外，面對群眾演說時，也必須先理解講者（話者）與聽眾（聽者）

的關係，才能夠避免演說變得「太過普通」。發表演說者要擁有足夠的力量掌握自己的想法、情緒與行動，**並且觀察聽眾的反應再即時調整自己的行動**。

因此，比起說話的技巧，本書會更著重在影響說話與溝通的內在力量、溝通分析的理論以及可實際練習的範例等等。藉此培養內在的力量，並進行對外說話的訓練，這樣一來才能使讀者學會如何明確表達自己的意思，同時又能有彈性地與他人溝通。

人類用語言溝通，溝通則造就一個人。溝通的核心在於從根本理解自己與溝通的對象，過程中必須有尊重與認同，才能夠達成良好的溝通。這樣一來，我們才能配合當下與對方的情況，說出最合適的話。努力並花時間培養自己的說話習慣，便能期待自己說出的話有所改變，溝通更加順暢。

溝通分析理論由精神醫學家兼精神分析家艾瑞克・伯恩（Eric Berne）創建。這是一種與人類的溝通交流和行為模式有關的系統性性格理論，能適用所有牽涉到人際關係的狀況。

此理論涵蓋將人的自我分為「父母」「成人」「兒童」三個部分的「PAC自我狀態」與「交流模式」，以及表示安慰同情的「撫慰」。此外還有人生腳本、心理遊戲、時間結構化、人生態度等主要概念。

本書收錄溝通分析中最基本的概念「PAC自我狀態」「交流模式」與「撫慰」，並講述如何將這些觀念用於實際溝通。透過日常生活中頻繁發生的衝突、壓力等實際案例，幫助讀者更輕鬆地理解溝通分析，並運用在實際生活中。

本書並不只是單純的知識傳遞，而是為了「提升人們對說話與溝通的觀念，以期幫助讀者學會改變人生的溝通技巧」而寫。書中收錄許多生活中常見的溝通案例，希望能夠引起讀者的共鳴，並成為幫助讀者改變的強大力量。

學習由代表「學、鑽研」的「學」字，與代表「熟悉、習得」的「習」字組成。學習的意義就是要學習鑽研直到熟悉為止。**同樣地，除了閱讀之外，持續練習、應用在實際生活中，才能使本書發揮最大的作用。**從現在起，讓我們跳脫下意識脫口而出的衝動話語和行為，覺察自我狀態，配合狀況適度調整，用不同於以往的行為和言語面對生活。這樣一來就能逐漸培養出自制力與自我認同，減少衝突與壓力，進一步改善人際關係。我相信，各位一定能體驗不同於以往的人生。闔上本書的那一瞬間，各位肯定能夠用更聰明、更有智慧的方式，看待過去那些令你痛苦難受的遭遇。

如果過去你曾因他人說的話而受傷、曾經不小心說話傷人、曾經因為沒有深思熟慮的衝動發言而無法獲得社會認同，那麼請你從現在開始，改變自己溝通的方式與說話的習慣。

在學習溝通分析並認識自己、做出改變之前，我同樣也是個不成熟的人。希望選擇了這本書的讀者，都能夠減少人生路上遭遇的錯誤，用更好的說話方式享受開放溝通的喜悅。再更進一步從現在開始選擇改變後的新人生，繼續提升自己存在的價值，實現自己的理想。

最後想感謝我最心愛的家人，與我共享喜怒哀樂，讓我知道自己不是一個人。也想感謝真心支持著我，讓這本書能夠面世的朋友、相互支持一起成長的同事，以及人生導師兼學問上的導師，也想藉這個機會謝謝讓我明白何謂生命喜悅的人生前輩與後輩。雖然我仍有許多不足之處，但為了能與我建立關係的人們有健康的溝通，我決心成為一個能夠包容自己、包容重要之人的成熟大人。也真心希望讀者們的人生能透過這本書變得更幸福、更豐盛。謝謝各位。

林玎珉

Part 1

我們的談話為何原地踏步？

差異
並不是問題

一天我在江南有個會議。由於抵達開會地點時，距離會議開始還有點時間，我便到附近的大型書店看書。正當我在新書區看看有沒有想買的書時，身旁的人說的話鑽進我的耳裡。他們兩人看起來是朋友，對話內容卻充斥著對彼此的不理解。

A：我真的不懂為什麼有人會想讀成長類的書。

B：是因為讀了之後會覺得有幫助，也會產生想認真做點什麼的衝動吧～

A：很多書的書名都取得煞有介事，但實際讀了之後才發現都是陳腔濫調，是能有什麼幫助……

B：……你不是說想買股票？聽說最近有不少散戶進場，你小心別把錢都賠光了！

A：投資當然是有風險，但這個貸款低利率時代，我也得想辦法做點什麼啊。

B：上次才在說對不動產有興趣……要投資就選一種堅持做到底啦！

這段對話結束後，兩人身邊瀰漫著一股低氣壓。他們的對話也並非嚴重爭執，只是A有對成長類書籍的偏見，沒有顧及朋友的喜好，而B則打擊A想學理財的決心，批評A沒有毅力無法堅持到底的態度。**兩人只是想法跟喜好不同，卻因為以自己的意見為意見，淨說些不尊重對方的話，令對方感到傷心，進一步使關係逐漸疏遠。**

我回到家後，便將在書店買的書放到書架上。我家客廳以沙發為中心，左右兩側各有一個書櫃。左邊的書櫃屬於我，右邊的屬於我老公。書櫃裡的書類型天差地遠，只要看一眼，就能夠立刻發現我跟老公的喜好截然不同，毫無相似之處。我的書櫃上大多是人文類古典文學和實用書，頂多放個小相框跟芳香劑，沒有什麼多餘的裝飾。老公的書櫃則主要是歷史書與科幻小說，還擺滿了樂高、公仔，以及他喜歡的電影或連續劇的藍光片。我是文組畢業且個性外向，老公是理組畢業且個性內向。個性截然不同的我們，竟能生活在同個屋簷下，的確經常令人感到驚訝。個性差異極大的人之間，是否真如人們的刻板印象那樣經常爭吵？

我們透過實際的經驗明白，雖然彼此確實會因為差異而爭吵，但也會因為差異而能互補。最大的問題並不在差異，反而是針對差異的溝通方式使我們經常摩擦、爭吵。但人們總會以對方和自己差異太大、想法跟自己不一樣為由，說難以跟差異大的人溝通。這世上究竟有沒有和自己一模一樣的人呢？

我們每個人成長的環境與文化都不同，即使有過同樣的經驗，也會有不同的感受與詮釋，因此人人都是不同的個體。就連同年同月同日出生的雙胞胎，都是只有外表相似，個性差異極大的兩個個體。從生理學的觀點來看，這整個世界上沒有人會和另一個人一模一樣。捷克生理學家J．E．普爾基涅（J. E. Purkyně）在一篇研究指頭觸覺的論文中提到，人的指紋終生不會改變，且不會與他人重複。

聲紋也會受每個人的嘴巴、聲帶、喉嚨等構造不同影響。若分析聲音傳達的能量或波長，並透過圖形呈現出來，那聲音就能發揮類似指紋的功能，用以區分不同的個體，也因此有人稱聲紋為「聲音的指紋」。聲紋與指紋至今都是識別人類個體的方法，也是犯罪調查中的主要證據。從結果來看，這世上不存在任何與自己一模一樣的人。人與人之間的差異是理所當然，內心想法不同更是再自然不過。**承認並接受對方根本不可能和自己有相同的想法這點，會讓自己更好過一些。**

在兩人中間放了一個數字6，在左邊的人眼中這個數字是「6」，但在另一邊的人眼中這個數字卻是「9」。在這個狀況中，我們無法說任何一個人錯，只能說他們觀看數字的角度不同。因此我們不能輕易認定「我是對的，你是錯的」。我們必須留意的是，人的想法和意見並不像明確規範的數字。我們能說數學問題的答案是錯的是，但無法斷定任何人的意見是錯的。請各位務必記得，每個人的想法都不同，我們必須尊重每個人的意見。

差異並不是問題，讓我們試著改變說明彼此差異的溝通方式。不同個體間的差異會無可避免地造成爭吵，但若能換個方式溝通，差異便能帶領我們的工作與關係往更好的方向前進。

偏頗
阻礙了溝通

二十一世紀娛樂產業中有一間新興企業，這間公司創立於二〇一八年一月。在該公司市價首度突破一千億美元之後，他們的市價很快在同年五月超越華特迪士尼公司（The Walt Disney Company），大幅改變了市場版圖。這也是新興企業戰勝媒體巨獸的劃時代紀錄。注意到了嗎？這間公司就是提供網路影音串流服務的跨國多媒體娛樂企業——網飛（Netflix）。

此刻閱讀本書的讀者，想必也有很大一部分同時訂閱網飛的串流服務。二〇一八年，網飛在美國與歐洲的網路影音市場占有率達到第一名，二〇一九年在全球影音串流服務市場市占率達百分之三十。根據美國有線電視新聞網CNN報導，美國黃金時段（Prime Time，電台或電視收視收聽率最高的時段）的網路通訊使用量，有三分之一被網飛占據。新冠肺炎（二〇一九年嚴重特殊傳染性肺炎）疫情大流行以來，全球居民減少外出，留在家中的時間變多，又使網飛的訂閱數再一次攀升。以二〇二一年六月為準，網飛共擁有兩億九千萬名訂閱戶。網飛成功的因素是什麼？專家分析，迎合個人性向（性格與愛好取向）進行內容推薦的「個人化策略」發揮了很大的作用。

網飛將內容類型細分為七萬六千種，並將顧客喜好度分為兩千種類型，再配合不同用戶的個人喜好推薦合適的內容。結果顯示，用戶被推薦內容後點開來觀賞的轉換率，比沒被推薦的一般內容高出兩倍。過去兩年來，網飛使用者收看的內容，有超過百分之八十是由推薦引擎所提供的內容。

近來許多服務甚至開始導入分析使用者偏好或情緒的深度學習（Deep Learning）技術，開始提供極為個人的客製化服務。韓國的KT宣布將在自家的OTT服務「Seezn」上，套用分析使用者的表情，配合喜悅、悲傷、生氣等心情推薦最合適內容的技術。這是向我們預告，我們所生活的這個時代，正快速轉變為一個講究個人化、超個人化的社會。

這樣的時代變遷究竟與溝通有什麼關係？以韓國上班族為對象的「休閒趨勢相關大數據分析報告書」指出，人們偏好透過同好會、聚會等有相同興趣或目的的共同體建立人際關係①。

① 摘自韓國文章〈Innocean 大數據，切割休閒時間的上班族增加〉

換句話說，人的喜好不僅影響在網飛或 YouTube 上觀看的內容，更會大大影響人際關係。這裡讓我們停下來想一想。自己經常碰面、交談、溝通的對象都是哪些人呢？相處時會感到舒適自在的又是哪些人呢？彼此之間有共通的興趣或愛好嗎？我想你腦海中應該已經浮現幾個人影。

以共通的興趣或愛好為基礎建立關係、相互溝通，是我們人生中的一大樂事。想跟自己比較喜歡的人深入來往是人之常情。只是在這個社會快速往超個人化方向發展的時間點，若只以和相同愛好、類似興趣的人建立關係，便會對其他不同類型的人產生抗拒感或不適感，對話時也會遭遇許多困難。「相似能帶來安定」，但反過來說就是「不同會導致不安或不適」。所以我們需要在團體意識中維持情緒穩定，同時也擁有重視多樣性與自由的開放思考。

現實來說，我們在社會上無法選擇僅與自己喜歡的人來往。所遇見的人當中，跟自己合不來的人也多過合得來的對象。假使想在不熟悉且不自在的關係中，也能夠順暢地溝通，就必須不斷努力尊重並理解他人，就像我們重視自己的興趣、喜好與自己一樣。即使遭遇難解的狀況，讓你產生「那個人到底為什麼要這麼做」的疑惑，只要能試著轉換想法，用「原來他是這樣一個人」的態度看待對方，便能縮小彼此之間的差距。**理解他人相當困難。即便無法理解，嘗試理解的態度也十分重要，那只有在「尊重對方」時才能做得到。**

各位知道韓國人常用的「Out of 眼中」是什麼意思嗎？就是「不在我的視線範圍內」「完全沒興趣」「毫不在意」的意思。在人際關係中，對他人的無知與不關心，就會造成溝通障礙。例如在同一間公司任職，但對彼此一無所知，或雖是同一家人，卻對彼此毫不關心，那溝通怎麼會順暢呢？你與他人分享多少想法與經驗、對他人的喜悅與悲傷有多少反應、有多麼關注彼此的煩惱與成長，會大大影響雙方關係的品質。

前面所說的超個人化服務興起後，也有不少人提出這會令使用者陷入「同溫層（Filter Bubble）」的憂慮。同溫層是指僅提供顧客量身打造的資訊，讓他們身處在與個人興趣相近的環境中。服務僅提供使用者經過篩選的推薦資訊，導致使用者錯過其他自身興趣之外的情報。史丹佛大學經濟學教授馬修・歐文・傑克森（Matthew O. Jackson）便指出「人類連結越來越緊密，同時也越來越分裂。」還說「雖然我們能與更多的人溝通交流，卻有與年齡、經濟水準、教育水準、性別、信念或意見相似的人來往的傾向。」②這種現象稱為「同質偏好（Homophily）」。

---

②《人際網路解密》（馬修・傑克森著，顏嘉儀譯｜先覺出版社｜2021.07.01）

針對與和自己相似的團體來往，並與其他團體劃清界線的現象，有個非常有趣的研究。該研究調查在美國高中，人種差異會如何影響交友關係。結果顯示非常親近的朋友，也就是一星期至少會見三次以上的朋友是同一人種的可能性，比不同人種的可能性高出十五倍。傑克森教授指出，從這種小小的偏好所造成的不平等、不均衡與兩極化等連鎖效應中，可以看出同質偏好的嚴重性。

如果一個人只與自己相似的團體建立關係，便沒有機會接觸不同愛好與興趣的人，也沒有機會接觸他們的想法與意見。當這些事情一再發生，人會越來越難以接受與自己不同的想法和意見。當人們因他人見解與自己不同而感到不適、心生警戒或發生衝突時，便會產生名叫憤怒的副作用。**所以無論面對什麼事，都要有意識地關心、理解，這樣的態度才是有意積極與對方溝通的表現。**

兩個不同的個體若無法尊重並理解對方，而是執著於自己的想法、我行我素的話，最後必然會發生衝突與爭執。新冠肺炎大流行使人們在家的時間變長，與家人摩擦的頻率增加也與這有關。在疫情大流行之前，人們有較多時間待在學校或公司等地，全家人待在同個空間裡溝通交流的時間並不多。不過隨著處在同個空間裡的時間拉長，會更加凸顯彼此之間不同的個性，進一步引發衝突和糾紛。即使在相親相愛的家庭中，衝突也是相當常見的社會現象。認真看待並想辦法解決衝突，是每個人一生的課題。

沒有面對面
會造成誤解與失誤

最近，我在某個媽媽社團裡看到一篇文章，文章內容在抱怨跟孩子的級任導師溝通非常困難。貼文者表示孩子的級任導師是男性，所以溝通起來更有障礙，讓她感到非常困擾。文章下面的留言則大多是「最近大部分的老師下班後都不看手機了」「應該是上班時間才會用工作手機確認跟回覆訊息」「女老師也一樣，手機號碼都不公開」等。看到這篇文章，我能深刻感受到媽媽們的鬱悶和老師們的無奈。

KakaoTalk（以下簡稱 Katalk）自二〇一〇年推出以來，主打以免費訊息服務取代既有的付費文字簡訊，只花六個月的時間便吸引一百萬人註冊，一年內註冊人數達到一千萬人，獲得爆炸性的迴響。現在這是一個能夠隨時確認對方是否閱讀訊息、與他人即時且快速通話的程式，一躍成為全韓國人都在使用的「國民應用程式」。

家長聊天室 >

真的好難過喔

貼文者：匿名　　**留言 5　複製網址 …**

級任導師說想跟班上同學的家長溝通，
還說有什麼疑問或急事就透過 Katalk 聯繫，
但我用 Katalk 問了問題之後都沒得到回覆。
隔天老師是有回覆我，但讓人等得好焦急。
這算是溝通嗎？

♡ **喜歡 3**　　**留言 5**

不過現在社會上開始有因 Katalk 而感到困擾的聲音出現。確實，這個程式為傳訊者與收訊者帶來便利，但二十四小時不間斷地收訊、傳訊，似乎讓程式成為束縛的枷鎖。如果上下班途中收到 Katalk 傳來的工作指示、跟家人和朋友共度的愉快週末期間，卻一直收到與工作有關的訊息，你的心情會如何呢？的確曾經有新聞報導指出，有百分之六十的上班族因不分時間地點的工作訊息而飽受壓力所苦。③

除了 Katalk 之外，還有 LINE、Telegram 等線上通訊軟體與 Facebook、Instagram、YouTube、部落格等社群平台，溝通從實體轉變成線上，也讓我們比以前有更多的交流管道。

我們經常聽說有人想把辱罵上司或公司的訊息傳給朋友，卻不小心傳給當事人的悲慘事蹟，也因此通訊軟體開始加入「刪除已發送訊息」的功能。

以我的情況來說，有人在我的社群平台上留言，我會先讀過一次，然後短則等三十分鐘，長則等到一天之後再回覆。這是為了避免自己判斷失準或誤會對方的意思，也是希望可以好好傳達自己的想法。為避免說話的意圖遭到扭曲或誤解，希望大家都能經過謹慎思考，以最精簡的用詞和句子來回覆，不是要求「快」而是應該要求「正確」才對。

讓我們回到媽媽社團這件事上。貼出這篇文章的家長說，級任導師下班之後就不看手機，要等一天才會回覆。這是級任導師為了保護自己的日常生活而訂下的規定，但老師這樣單方面沒有回應，只會讓家長心急如焚。不如試著用下面這種方法跟家長溝通，保護自己的私生活也能避免家長抱怨。

媽媽，我想您應該對孩子的校園生活有很多疑問，這也是一種關心與愛護孩子的表現。如果有任何疑問或急事，可以透過 Katalk 跟我聯繫。下班之後的訊息，我會在隔天上午確認並回覆。在下班到隔天上午這段時間，即使您會有點心急，也希望您能夠諒解。

為了充分表達自己的心意，回覆之前我們都需要足夠的時間思考。讓我們避免單方面斷絕聯繫或快速回應，花點時間慢慢思考，用正確的方式說話吧。在讓自己的心配合數位時代的速度之前，短暫停下來思考的從容，能夠避免說錯話，也能夠守護自己與對方的關係。

---

③ 摘自韓國文章〈連假也遭工作訊息轟炸……擺脫不了壓力的上班族〉

參雜情緒的話語
伴隨著殘酷的代價

我們會用言語向對方表達自己的需求，但總會因為錯誤的溝通方式而產生衝突。例如這樣：

範例1

我把工作交給你，你怎麼中間都不跟我報告一下？一定要我來問你嗎？

範例2

家裡這什麼德性啊？先回來就該先整理啊！吃完飯之後就應該洗碗吧！

範例3

這麼晚了還沒寫作業，都在做什麼？怎麼連你都要讓媽媽這麼心煩？

聽完這些話之後，對方會有什麼反應呢？這些話真的能改變對方的想法和態度嗎？在衝突的狀況中出現的「批判」，只會傷害彼此並使狀況更糟。雖然不是刻意為之，但造成這種情況的你，也會覺得心痛難受。

語言的力量很強大。它能讓一個人堅強振作起來，也能無情地將一個人擊潰。**衝突持續到最後，只會導致對眾人不好的結果。務必要記得，一句話能夠成為衝突的火種，也能夠將我們的關係燃燒殆盡。**

在韓文中，衝突寫作「葛藤」，而這個詞的由來非常有趣。葛藤的漢字由野葛的「葛」與「藤樹的藤」組成，是一種葛屬植物。野葛與藤樹有著如粗繩一樣的莖，通常是纏繞在其他植物上生長。野葛的莖朝逆時鐘方向纏繞，藤樹則朝順時鐘方向纏繞，兩者在同一株植物上會糾纏在一起，最後再也無法向上生長，而這種特性就是象徵衝突的「葛藤」一詞的由來。「葛藤」譬喻事情變得錯綜複雜，難以解決，象徵因互相矛盾的見解、處境或對事物的理解不同而發生的衝突。**也就是說，衝突源自「差異」**。不同的人聚集在一起，就會形成組織，所以家庭、職場等共同體當中，自然都會存在衝突。

對某些人來說，衝突的時刻會令他們難受且痛苦。但若能圓滿解決衝突，跨過那道難關，人與組織就會更加成長茁壯。這也是為什麼善於處理衝突，懂得有智慧地解決問題的人，其人際關係會更加和睦牢固，且不會輕易崩潰。為了保護重要的關係，我們必須在彼此的立場與見解差異中，透過健康的對話找出共同點。人際關係中的問題，並不存在完美的解決，只有圓滿的妥協而已。這時最重要的，就是以對方能接受的方式溝通。

用言語批評並斥責他人無法改變他們的行為，只會讓不好的事情一再發生，進一步使關係惡化。這樣的說話方式，甚至會使因愛結合的夫妻逐漸疏遠最後分開。從小被養育者責罵的孩子，會學習到這種說話方式，嚴重時甚至會在長大成人之後與父母切斷關係。在長幼尊卑分明的社會，人們不得已只好聽從上司的話，但這只會導致不滿與抱怨累積，使人們想要抵抗，進一步影響公司的生產力與工作氣氛。

還有什麼事情比討厭心愛的人更讓人感到悲傷的呢？人不是用來討厭，而是用來喜歡的對象。我認為人類所能實踐的最高價值就是愛。當然，心愛的家人、心愛的工作、周遭心愛的親朋好友等，不可能隨時都很討喜。**不過因為無法忍住瞬間的怒火脫口說出一些情緒性的話語，會招致相當殘酷的代價。**

自古以來，猶太教便將舌頭比喻成箭矢，因為箭一旦離弦，即使後悔也無法收回。言語說出口會導致無法修復的傷痕，所以猶太教也將「錯誤的言行」比喻為「殺人」④。即便是相識已久的好友，但只要一次小小的衝突，都可能導致彼此分道揚鑣，這就是所謂的人際關係。千萬記住，觸發衝突的「瞬間的態度」與「一句話」，會給人際關係帶來致命的打擊。你要說的是引發衝突的話呢？還是化解衝突的話呢？選擇就在你手中。

---

④《猶太人的一句話》（約瑟夫．特魯什金著）

＊編注：書籍若無標示出版社和出版日期，代表本書未在台灣出版，譯名皆為韓文直譯。

溝通的第一步

換句話說就能改變關係

「你是個好人嗎？」

律師淳鎬為被指控涉嫌殺人的嫌疑犯辯護，他必須證明這名嫌疑犯無罪。為了贏得這場官司，他去拜訪該案唯一的目擊證人——患有自閉症的少女智友。智友在兩人接觸的過程中獲得了安慰，並且漸漸敞開心房與淳鎬交流。這是電影《證人》的劇情，故事中經常出現「你是個好人嗎」這句台詞。這句台詞能讓人以他人為借鏡，重新審視自己是個怎樣的人，是電影想傳達的核心宗旨，也是深深觸動觀眾的經典。

試著拿這個問題問問自己吧。大多數的人可能會想「我是個好人啊」「像我這樣應該還算可以吧」，很少有人會認為自己是個壞人。這裡讓我們換個問題。

「你一直是個好人嗎？」

「一直」這個詞是否讓人有些在意呢？被問到這個問題時，應該很少有人能充滿自信地回說「我一直都是個好人！」每個人都有獲得認同、渴望被愛的基本需求，所以我們都會努力成為好人。

不過我們不會「一直」都很好，也不會在面對每個人時都當個好人。這不是人格問題，而是某些理由或情況所致。因此我認為，並沒有人從一開始就是壞人。這並不是要「所有人」都必須「一直」當個好人的意思，只是想提醒大家，帶著一顆良善的心與姿態，去接近現在與自己有所連結的珍貴對象。

人不可能一輩子都只有好事，也不可能一生都幸福無比。當你走在路上卻無故被石頭絆倒，當然會想責怪石頭吧？在那一瞬間感到憤怒甚至辱罵石頭的人，便無法再回到被石頭絆倒前的平靜狀態。在被這顆石頭絆倒，感到心情不佳的時候，我們可以說一些不好聽的話來發洩怒氣，但不能讓自己一直停留在不愉快的狀態下，別讓心情影響自己的態度。那些從嘴裡吐出的難聽話，會先進到自己耳裡，然後再從耳朵進到身體裡，大大影響我們的狀態。人一生中常會在人際關係中被小石頭絆倒，這時我們可別先急著責怪當下的情況或他人，不如試著安撫、看顧自己的心，以避免讓他人受傷的方式進行健康的溝通吧。

人經常下意識地說出一些不合時宜、會傷害他人的話。當一個人說出「我說這些話是為你好……」「我是希望你更好才會說這些話。」「老實說啊……」「這樣不行啦～」「算了，到此為止吧！再說下去也是白費力氣！」這些話時，是帶著什麼樣的意圖呢？是刻意要傷害對方嗎？肯定不是。多數人在說這些話時都不是帶著惡意，他們不會想到「這些話非說不可」「這樣說會讓對方心情更糟」，通常都只是將瞬間閃過腦海的想法說出口而已。但奇怪的是，這些話說出口後，經常會讓人心生懊悔。

「為什麼我說話之前沒有修飾一下呢？為什麼我老是話說出口才感到後悔呢？」曾經被別人說的話傷害過的人都知道，言語留下的傷不會輕易癒合，甚至會永遠留在心中。每個人都可能被他人的話語傷害，也可能傷害他人，讓我們趁著這個機會好好想想，比起話說出口後再回頭道歉，不如改變自己說話的習慣，避免用言語傷人不是比較好嗎？試著改變自己說話的習慣如何？如果能夠避免反射性地回話，避免說出口的話違背自己的意圖，就能減少發生在人際關係中的眾多衝突。

我一直在研究人們對說話與溝通的煩惱，過程中也產生了一個疑問。人類是擁有複雜思考與情感的萬物之靈，每個人天生都認為自己最出色，更有以自身為優先的自私本性。人們會堅持己見，並與不尊重己見之人發生衝突或許再自然不過。但難道就因為這樣，人類便無法擺脫在衝突中相互傷害、使彼此痛苦的宿命嗎？

在我認識「溝通分析」之後，這個揮之不去的疑問終於有了解答。溝通分析不是要人改變自己的見解，而是幫助人們理解每個人在面對特定狀況時的心態，認知到怎樣的行動和言語最適合當下的狀況，幫助人們以更有智慧的方式溝通交流。

我長期鑽研心理學、溝通理論、語言與人文學等學問，並將這些學問結合教育，藉此觀察人們說話與溝通的改變。我發現，最能運用在日常生活中，且最能發揮效果的理論就是溝通分析。了解溝通分析的基礎概念，就能夠有意識地掌握對方當下的想法與狀態，並且控制自己的言語和行為，達到「有彈性的雙向溝通」。我透過線上、線下的課程接觸過大約十萬名學生，在一對一或小型團體課程中，也指導過超過三千名學生。學生們平均花費一個月至六個月不等的時間，接受我定期的溝通指導。每當從他們身上看到改變，我就更加確信溝通分析理論確實能為說話與溝通教育帶來幫助。

「關係」是透過「相遇」建立，「溝通」是透過「語言」達成，「語言」源自於心，語言的意義超越單純的訊息傳遞，因為「語言」是一個人所經歷的文化與其社會化過程的結晶。所以我們能夠從語言及行動中，找出真正能幫助交流的線索。語言和行動反映一個人的心，只要能觀察對方說出的話、做出的行動，正確理解自己與對方的狀態，就能與對方建立和諧的關係。

在第二部與第三部中，我會介紹要如何具體透過溝通分析理解自己，並與他人用言語溝通。各位讀者可以用輕鬆上指導課的心情，閱讀書中的內容並簡單做點筆記，相信會更有幫助。

Part 2

理解自己：我為何會那麼說？

檢視
心的構造

英國哲學家湯瑪斯・霍布斯（Thomas Hobbes）曾說：「要深入理解他人幾乎不可能，但我們卻能藉著深入理解自己，而深入認識多個不同的人。因為基本上人都具備一些共通點。故沒能了解自己就想了解他人的行為，有如毫無線索卻想解讀暗號。」他批評不了解自己就想了解他人的行為非常矛盾，強調「了解自我」才是第一要務。

而人要如何知道自己是誰？依據既是性格理論也是心理療法的溝通分析來看，人的心共可分為三種，稱為「自我狀態（Ego State）」，每個自我狀態都有固定的思考、情緒與行為模式，這些模式便會形成人的個性。也就是說，要理解自我，首先必須觀察自身平時說話的方式，這會成為理解自我的重要關鍵。

心是眼睛看不見的內在精神活動，溝通分析將人的內心分為三種自我狀態，並透過圖表呈現自我狀態的結構。這稱為「PAC自我狀態模型」，是透過自我狀態分析個性的過程，又稱為「**結構分析**（Structural Analysis）」。

美國精神醫學家艾瑞克・伯恩便依照行為模式，將自我狀態分為「父母」「成人」與「兒童」，並將其作為心理諮商與治療的重要工具。這裡所說的父母、成人與兒童並不是我們認知的「父親與母親」「成年人」「年紀較小的孩子」。PAC中的P是「Parent」的縮寫，代表「父母自我狀態」；A是「Adult」，代表「成人自我狀態」；C是「Child」，代表「兒童自我狀態」。

為了幫助讀者更了解每一種自我狀態的言語和行動差異，請先試著想像以下的情境：你正走在一條人群擁擠的街上。這時你看見一名喝醉了酒，無法控制自己的青年。在這種情況下，你會有什麼反應呢？（如果曾經遇過類似的情況，也可以回想一下當時自己的反應。）你的反應，應該會符合前面所提到的三種自我反應之一。如果你批評這名年輕人的行徑，同時內心感到擔憂，就代表是父母自我狀態；若你能客觀看待青年的狀況，並採取實際作為，便是成人自我狀態；將自身在看見青年時所產生的感覺完整表達出來，

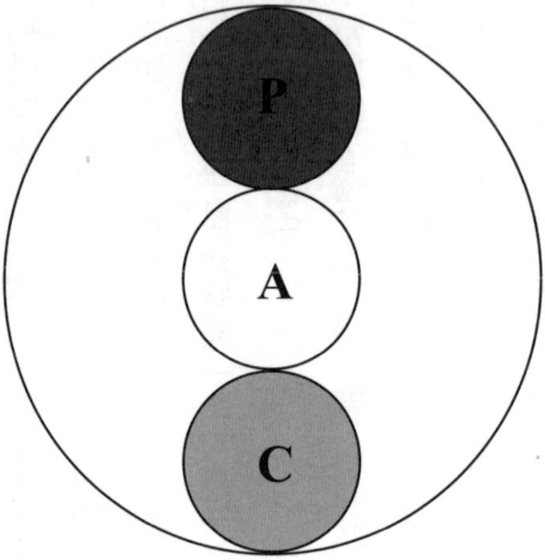

父母自我（Parent）

展現承襲父母（主養育者）的想法、情緒與行為。

權威、批判、保護

成人自我（Adult）

展現理性的想法、情緒與行為。

理性、講究邏輯、合理

兒童自我（Child）

展現幼兒期原本的想法、情緒與行為。

本能、直觀、順從

則是兒童自我狀態。

父母自我（P）、成人自我（A）、兒童自我（C）是溝通分析中最基礎的自我狀態模型。把這個模型想成是「心的結構」即可。如同前面說明過的，**溝通分析認為人類由三種自我狀態組成，並認為自我狀態決定了人的言語和行為。**第一次接觸到這個理論或許會令人有些不知所措，但不需要太過擔心。只要在閱讀本書的過程中，練習觀察並覺察自己的內心，便能夠理解「PAC自我狀態」的概念並區別個中差異了。

接下來會介紹不同的自我狀態並加以詳細說明，相信能夠幫助各位了解自己與他人的個性。

窺探自己的三個心

言行有如父母的父母自我（P）

父母自我是人看著父母或養育者（父母代理人）長大，受權威者影響所產生的自我。在這個自我狀態下，會採取類似從父母那裡習得的言行。

人類出生後到五歲之前都會不自覺地受來自外界的刺激或事件影響，模仿父母或權威者的態度與行為模式。例如小時候想觸摸熱燙的物品時，若父母驚恐地大喊「不行！很燙！」那未來孩子在面對類似的情況時，也會模仿父母的反應。即使長大成人，依然會以小時候所看、所聽的訓誡或規範為準則，批判、控制、包容或接納他人。

若被父母、父母代理人或自己所看到的父母及權威者的形象所影響，以相同的方式思考、感受、行動，那麼人就處在父母自我狀態。**因為是以父母的心態，由上而下看待他人，所以對話的能量會垂直流動。**

有些主管在公司跟自己的下屬說話總會生氣，因為他們總認為自己下達工作指令時，手下的員工總是不聽話且一直頂嘴。在這個情況中，我認為主管處在父母自我狀態。這能從主管提及員工時的表情和聲音感覺出來，而他用詞中的「頂嘴」，也是讓我做出這個判斷的關鍵因素。不過仔細觀察讓主管實際使用這個詞的情況，便會發現通常都只是「說出與對方意見相反的話」「沒有完全接受別人說的話，而是提出相牴觸的意見」等。說是「頂嘴」，就表示彼此之間是上下關係，有要求對方服從的意思。從主管的話中能聽得出來，他認為員工的反應並不恰當。而主管之所以會有這種反應，可能是因為從小常聽父母或養育者說「你怎麼老是這麼不像話！」「還敢頂嘴！」「大人說話時不准插嘴」，並且將這些反應內化成自己的一部分，長大之後將其在人際關係中重現所致。

↓參考第52頁理解父母自我的問卷

言行具邏輯性且客觀的成人自我（A）

在成人自我狀態下，人會從「此時此地（Now and Here）」所能獲得的客觀資訊與事實，來判斷狀況並解決問題。成人自我狀態是知性、有組織性且善於分析的。他們不側重情緒，只會客觀看待當下眼前所面對的狀況，並試圖提出實際的解決方案。

若能冷靜且以具邏輯性的方式分析目前的狀況，採取理性的行為，表示你處在成人自我狀態。因為是以邏輯思考、以理性行動與說話，所以對話的能量流動是水平的。

↓參考第53頁理解成人自我的問卷

言行有如兒童時期的兒童自我（C）

在兒童自我狀態下，會本能地做出年幼時期曾有過的行為或反應。他們會不受拘束地依照自己的想法與感受表達自我，也可能會壓抑自己真實的情緒或過度察言觀色。兒童自我狀態並不是說「言行舉止像孩子一樣」，而是指你的想法、感受與行為都跟自己的幼年時期一模一樣。

我曾經為一名公司老闆提供演講和溝通的指導。他非常滿意我的指導，於是讓公司的一名中級主管也來接受我的指導。跟這名中級主管的初次會面，實在令我永生難忘。由於通常會來找我的人，都是自認為需要正確的溝通方式而主動求教，所以指導課程大致都很順利。不過這名中級主管恰好相反，他一直抱持著「到底為什麼要我來上這種課？」「老闆要我做，我還能怎麼辦？」的心態，持續迴避我的視線，我也能從他的姿勢、聲音、語調、口氣等感受到抗拒。我提出幾個問題，他要不是不回答，就是用「是」「不是」等方式簡短回應。他就屬於兒童自我狀態。在指導過程中，我了解到他的成長過程、在公司的工作方式與態度，也再一次確認到他的兒童自我非常強大。

↓參考第54頁理解兒童自我的問卷

了解我的三種內心狀態

父母自我（P）

寫下小時候給自己最大影響的人（養育者、權威者）是誰，並寫下在父母自我狀態下會出現的言語和行為。

範例

曾經對表示不婚的朋友表示不滿，
並對他們說：「應該要像別人一樣結婚生子才對。」

曾經對提著重物的人說：
「需要我幫忙嗎？」

了解我的三種內心狀態

成人自我（A）

寫下在符合現實且合理的成人自我狀態下，自己會有什麼樣的言語和行為。

範例

突然接到客戶聯絡，說活動時程要臨時變更。
立刻撥打電話給申請參加活動者，
告知活動時程變更，
再次確認是否出席，
並將結果做成表格。

了解我的三種內心狀態

兒童自我（C）

寫下自己小時候對待大人的態度，並寫下在兒童自我狀態下會出現的言語和行為。

範例

下班回家後發現房間亂成一團。
看了這幅情景說：「這是怎樣……隨便你們吧，我也不管了！」
完全不動手清理房間，直接擺爛。

換部門之後負責新的業務。
對工作內容還不熟悉，戰戰兢兢很擔心犯錯，非常在意主管的臉色。

前面我們透過自我狀態，了解人類的心理結構。**自我狀態與年齡無關**，就像面對一個法定年齡已經成年的人，我們仍會因為他的行為而說「你怎麼像個小孩一樣耍賴？」「年紀都這麼大了，要懂事點」，或可能對一個小孩說「真是個小大人」。並不是年紀大就表示成熟，也不是年紀小就都會像孩子一樣耍賴。

韓國國立國語院將「老頭」「小大人」等詞，定義為非正式的社會用語。現在在韓國，老頭用於批判具權威思想的年長者或學校老師。近來有些老一輩的人會想把自身的經驗或知識，傳授給地位比自己低、年紀比自己小的人，這種行為則被稱為「倚老賣老」，「老頭」指的就是這樣的一種人。

如前所述，這一類的人被稱為老頭並不只是年紀大的關係，更是因為他們的思考和行為模式，也就是自我狀態所致。所以並不是年紀大的人就無條件稱為老頭，也不是年紀小就一定很無知，我們必須極力避免這樣的刻板印象。

我們會經由過去的經驗，模仿父母或類似父母的權威人物的想法、情緒與行為（父母自我），也會做出當下自己認為最理性的行為（成人自我），或是沉浸在小時候的想法、情緒與行為中（兒童自我）。

人與人溝通時，說話的方式會受這三種自我狀態影響，對方也會從這三種自我狀態做出反應。這稱為「交流（Transactions）」。我們會在特定的瞬間展現出自己一部分的個性，也就是說，如果我們能察覺自己是在怎樣的自我狀態下與對方交流，就能預測自己未來會說的話、會做的行為，更能配合周遭和對方的狀況，控制並調整自己的反應，以創造更和諧的人際關係。

溝通分析非常看重人際關係。這個理論認為一個健康的社會中，人會認真建立關係，且彼此之間有順暢的溝通。覺察自我並擺脫熟悉的溝通模式，自主做出新的選擇，讓交流更有彈性，換句話說，就是跳脫過去自己的說話與行為模式，選擇讓關係更為和諧的「狀況認知」與「溝通法」，就是溝通分析的核心。

丹麥哲學家齊克果（Kierkegaard）曾說「幸福有九成取決於人際關係」。事實上，哈佛大學研究團隊也曾經透過學術研究證明「人際關係使人幸福」。該研究團隊以「是什麼使人幸福」為主題，進行了長達八十年的研究。哈佛大學醫學院精神病學教授羅伯特・沃丁格爾（Robert Waldinger）選出不同階級的七百二十四名少年，在一九三八年至二〇一五年間，每隔兩年便訪問他們一次。追蹤他們父母的職業、家庭生活、社會生活、健康狀況、社會成就、朋友關係等，直到二〇一五年發表結果。該研究的結論告訴我們，幸福並非取決於金錢、成功、成就與名譽，而是取決於「人際關係」。研究團隊指出，幸福有三個條件：第一，與家人、朋友和共同體的關係越緊密，越容易感到幸福，孤單與寂寞有如毒藥。第二，比起關係的多寡，高親密度、高信賴度的關係更能使人幸福。第三，好的關係不僅能保護身心，更能保護大腦。⑤

與他人溝通就是展現自我。若我們住在孤島上，便沒有必要和他人交流，更不需要把話說好。但由於人類是一種社會化的動物，所以不溝通便無法存活。想要在溝通上表現得更加出色（想展現自我），首先必須了解自己。英國歷史學家兼文明評論家阿諾德・約瑟・湯恩比（Arnold Joseph Toynbee）曾說「現代人無所不知，唯獨不了解自己」。現在讓我們從深入了解自己開始吧。別因為不曾做過的事情，就覺得困難或令人害怕。透過這本書了解自己的心、理解他人的個性，不知不覺間你就能了解自己並理解他人。

---

⑤《重新發現Ｅ型人的個性》（邊廣鎬著）

隨心情改變的言語和行為

前面透過溝通分析中代表父母自我（P）、成人自我（A）與兒童自我（C）狀態的「PAC自我狀態模型」，了解人的心理結構。不過人不會只停留在一種自我狀態，而是會依照當下的狀況和面對的人而改變。

讀懂人心可說是世上最困難的事，這也是為什麼俗話總說「知人知面不知心」。就讓我們透過實際的範例，了解平時心態是如何改變的吧。

「拜託，你都工作第幾年了，還會犯這種錯！你最近怎麼這麼心不在焉的？」

工作上犯了重大失誤的Ｋ被上司嚴厲斥責。上司怒氣沖天大發雷霆，一臉不高興地瞪著Ｋ。這時一通電話打到辦公室。

「對，沒錯，是嗎？那我確認過後再回電給您。」

一放下辦公室的電話，上司的手機又響了起來。

「欸～好久不見了！同學會上聽說你的消息後就一直想見你一面，好開心！孩子都大了吧？哈哈哈！」

上司以理性的態度面對工作上往來的客戶，面對稍後打來的同學又能毫無芥蒂地談話。

「喂，K，事情都已經發生了，也沒辦法挽回，我們先想辦法善後，我會想個辦法安撫上面的人，你趕快收拾一下。」

掛上與朋友的電話，上司可能是冷靜了下來，

便開始以合理的態度對在工作上犯錯的K說話。

從前面的狀況中可以得知，上司的言語和行動時時刻刻都在改變。斥責下屬時是父母自我（P），與客戶對話時是成人自我（A），和朋友對話時則變成兒童自我（C）。而且稍早前還在用來面對下屬的父母自我（P），在講完電話之後就變成了成人自我（A）。這是我們身邊經常能看到的實際範例。

例如你可能會在公司向顧客低聲說「啊……部長，是，我會再重新提交一份報告」「知道了，我會照您說的去準備」「那也沒辦法了，等我回到辦公室後再處理」，但回到家看到一團亂的景象，卻會皺起眉頭換上另一副口氣說「這是怎樣？就說不能亂碰這些東西了」「誰允許你這麼做的？快回房間不准出來！」「到底要我講幾次？放學回來後都在幹嘛？」

究竟有多少人上班時的心態跟下班後回家的心態會是一樣的呢？我想應該幾乎沒有吧。因為心態會依當下的狀況和對象而改變，所以不可能一整天都一樣。也就是說，我們會視情況和對象而改變自己的面貌與態度。

試著觀察一下自己，看看自己在公司時是不是聽從上司指示的兒童自我（C），回到家後又成了催促孩子的父母自我（P）。或者面對朋友時是溫柔的父母自我（P），面對家人時卻是脾氣暴躁愛發牢騷的兒童自我（C）吧。

有些人會透露，他們的煩惱就是和家人溝通困難且不善於表達。面對出社會後認識的職場同事或事業夥伴，他們總是親切有禮，唯獨對家人經常表現出不耐煩且神經質的一面。

由於家和家人是人們情緒上的安全地帶，會讓人感到放心，因此只要一不注意就會不自覺地傷害到最親近的人。十多年前，我也曾遭遇過類似的事。當時我還是剛踏入職場的社會新鮮人，家中卻發生母親被診斷出甲狀腺腫瘤必須動手術的大事。手術前一天，我媽媽來首爾找我。她舟車勞頓遠道而來，應該要好好休息才對，但可能是心疼獨自在首爾過著忙碌生活的女兒，等我下班回到家後發現，她竟然幫我洗好衣服、打掃好房間，甚至還把冰箱都整理好，等我洗漱完畢後便直接就能吃晚餐。

很久沒見到媽媽，再加上她這麼費心幫我打理家務，我短暫地感到開心。但看到她拿著抹布不停清掃的模樣，心中不自覺燃起一股怒火。我語帶不悅地說「媽！妳明天早上就要動手術了，幹嘛還一直掃個不停？我自己會做啦！拜託妳不要再弄了，快休息！」接著是一陣短暫的沉默，她的表情也變得十分僵硬，然後便立刻整理行李離開我家。我當下有些驚訝，但並沒有太當一回事，心想「她等等就會回來了」。沒想到那晚她都沒有再回來，也一直不接電話。後來我只睡了一下，天一亮便立刻跑去醫院，幸好她還是有到醫院動手術。

那天我基於對母親的擔心而說的話反而傷到了她，這更讓我感到抱歉。如果我當時是說「很感謝媽媽擔心我的生活，妳來我家我也很開心，但妳明天要動手術啊，我很擔心妳，希望妳可以休息一下。」那就不會發生這種事了。不請自來的衝動和言語，最後讓我後悔無比。**如果想守護珍貴的關係，就該觀察自己的心，並在觀察的同時，有意識地覺察每一刻都在改變的心境。**

家庭是我們出生之後首個接觸到的社會群體，在這個圍籬內，我們會感到安心及歸屬，並從中獲得安慰與鼓勵，所以家人必須是我們最珍惜、最愛護的對象。擔心配偶的心、愛護子女的心、希望員工不要犯錯的心、希望對方可以更好的心……我們說的話都是出自良善意圖，但如果言語和行動無法讓對方看清我們的意圖，就無法實現良好的溝通，最後只能使雙方傷痕累累。**所以我們需要有意識地「為了我們」選擇說出口的話，而不是只「為了自己」選擇。**

與溝通分析的創始人艾瑞克・伯恩一起研究的精神科醫師托馬斯・安東尼・哈里斯（Thomas A. Harris）曾說「當父母自我（P）會建立過於嚴格的原則與規律，無條件採取命令的態度，或是兒童自我（C）則會臣服於瞬間的情緒，不顧周遭情況恣意妄為時，成人自我（A）就必須暫時讓自己冷靜下來，避免這兩個自我為所欲為。」當你感到憤怒、看每件事都不順眼，或是覺得自卑感作祟時，我建議你在心裡慢慢地從一數到十，默唸「打開成人自我（A）的開關」這句咒語[⑥]。光是意識到自己必須打開成人自我（A）的開關，我們就會認知自己還有理性，並努力採取合理的行為。

⑥《我好，你也好》（托馬斯·哈里斯著）

覺察內心的變化

早上

依照時間順序將今早發生的事情寫下來，並且回顧自己在面對每一件事情時的心態，接著再試著寫下自己的想法、情緒或行為。

問題

早上發生了哪些事？
遇見了誰、跟誰說了話，有怎樣的感覺？
當自己在跟對方說話（語言）的時候，自己的聲音或態度如何呢？
對方又做出怎樣的行為（非語言）呢？

覺察內心的變化

白天

依照時間順序將今天白天發生的事情寫下來，並且回顧自己在面對每一件事情時的心態，接著再試著寫下自己的想法、情緒或行為。

問題

白天發生了哪些事？
遇見了誰、跟誰說了話，有怎樣的感覺？
當自己在跟對方說話（語言）的時候，自己的聲音或態度如何呢？
對方又做出怎樣的行為（非語言）呢？

覺察內心的變化

傍晚

依照時間順序將今天傍晚發生的事情寫下來，並且回顧自己在面對每一件事情時的心態，接著再試著寫下自己的想法、情緒或行為。

問題

傍晚發生了哪些事？
遇見了誰、跟誰說了話，有怎樣的感覺？
當自己在跟對方說話（語言）的時候，自己的聲音或態度如何呢？
對方又做出怎樣的行為（非語言）呢？

覺察內心的變化

晚上

依照時間順序將今天晚上發生的事情寫下來，並且回顧自己在面對每一件事情時的心態，接著再試著寫下自己的想法、情緒或行為。

問題

晚上發生了哪些事？
遇見了誰、跟誰說了話，有怎樣的感覺？
當自己在跟對方說話（語言）的時候，自己的聲音或態度如何呢？
對方又做出怎樣的行為（非語言）呢？

了解自己的
主要性格與溝通方式

看完前面的內容，了解人心由三種狀態構成，狀態會視情況而改變，並不會固定不變。我們可以從準語言（語氣、聲音）、非語言（表情、姿勢、動作）和語言察覺心理狀態。這些都是方便我們掌握心理狀態的線索，也能從中認識自己的說話習慣和溝通方式，並可更進一步提示我們如何與他人溝通。

溝通分析之所以易於運用於日常生活，正是因為日常生活能提供許多線索。尤其兒童自我（C）是人們首次見到世界的反應，也是非語言的回應，因此身體的動作等非語言線索，是幫助我們了解兒童自我的好方法。

現在讓我們利用這些可觀察的語言、非語言和準語言，了解不同的心理狀態吧。

父母自我（P）	
語言（話語、詞彙）	當然～要做啊、不能不做～、錯了、不行！、照我說的做、像傻瓜一樣、愚蠢、壞、噁心、大受衝擊、不成熟的、懶惰、不像話、荒唐、不像樣的東西、不像樣的傢伙！、竟敢、好好幹、很好、不好、漂亮、可愛、來這裡、沒關係、別擔心啦、我會幫你、我幫你做
非語言（表情、姿勢、動作）	緊皺的眉頭、緊閉的雙唇、插在腰間的手、搖頭、不停跺腳、憤怒緊握的拳頭、不斷發出嘖嘖聲、嘆氣、不滿意的表情、指責、指著對方的鼻子、怒目橫眉、咬牙、傲慢的表情、翻白眼、雙手抱胸俯視、直盯著對方的眼睛、摸頭、擁抱、輕拍
準語言（語氣、聲音）	生氣的聲音、具威脅性的語氣、說教的語氣、懲戒感、溫柔多情的語調、和藹的語氣、同情、愛護

成人自我（A）	
語言（話語、詞彙）	誰、什麼時候、哪裡、什麼、怎麼做、為什麼、怎麼回事？從什麼時候開始？理由是什麼？調查過後、討論結果、根據統計、具體的可能性、客觀的、用什麼方法、比較、可能的話、真實的、虛假的、是、不是、其實、準確來說、上午10點30分
非語言（表情、姿勢、動作）	淡然的表情、慎重的表情、沉著的態度、端正的姿勢、明確的視線、充滿自信的臉孔、大且精準的姿勢
準語言（語氣、聲音）	平淡無味的語氣、精準明確的發音、機械式的、低沉的嗓音

	兒童自我（P）
語言（話語、詞彙）	不知道啦、討厭、給我～、幫我、什麼？、真的嗎？、哇！、我想做！、不想做！、不在乎、好酷！、會做啦、好開心！、好興奮！、好無聊、累死了、好煩、要怎麼做才好？、可以做嗎？、該說什麼？反正……、不知道……
非語言（表情、姿勢、動作）	嘟嘴、顫抖的雙頰、眼淚、噘嘴、失望的表情、無力的肩膀、向下看的視線、糾纏不休、吞吞吐吐、咬指甲、看人臉色、四處張望、喪氣的臉、淘氣的舉止、浮躁的表情、開朗地笑、豪邁地笑
準語言（語氣、聲音）	又大又快的聲音、很高的聲音、開朗的聲音、浮躁的聲音、喧譁、陰沉、沒自信的聲音、哀戚的聲音、嘟囔、語尾模糊

當有人因為說話與溝通的煩惱來向我求助時，我都會準備一至兩段長的文章，讓他們照平常的說話方式唸出來，也會訂一個簡單的主題要他們自然地發表自己的意見。在被韓國「國策銀行」委託上課時，我要求新進行員跟諮詢專員做一樣的練習，然後再把說話的樣子拍下來給他們看。他們看見自己在螢幕上的模樣，便能透過語言、非語言和準語言確認自己的自我狀態，明白哪些部分會在與顧客溝通時造成問題。

如果不在公司或家中裝設監視器，便很難把自己的模樣拍下來確認，但還有錄音這個方法。雖然透過錄音無法確認表情或動作，但透過語言和準語言，了解自己是在何種自我狀態下與他人溝通，也是個不錯的方法。理解自我之後，我們才能夠真正看見自己。用同樣的方法關注朋友、家人、同事或上司等身邊的人，觀察他們的自我狀態，就能找到更深入理解他人的線索。

建議花一個星期進行前面介紹的窺探自我內心練習，這樣就能掌握自己平時主要處在哪種自我狀態下、哪種自我狀態較為強勢等。其中反覆出現、較為強勢的自我狀態，通常較符合自身傾向，也是主要的性格。從現在開始，我們會將較為強勢的特定自我狀態稱為「優勢」。記住這點，來看看下面的這些例子。

範例1

賢碩下班後一回到家就進到兒子房間，把正在準備聽網路補習課程的兒子叫來，斥責他「臉髒兮兮的沒有梳洗，衣著也十分凌亂」。賢碩認為即使是在家上課，也應該要把自己打理好，所以實在無法容忍兒子散漫的樣子。

範例2

芝妍跟許久未見的朋友一起吃午餐，兩人本來吃得很開心，但在結帳時對方卻說他要付錢。由於不知下次何時還會再跟朋友碰面，芝妍覺得讓對方請客時在很有壓力，於是便提議各付各的。雖然對方說午餐他請，接下來去喝咖啡時再讓芝妍請客，但芝妍還是極力婉拒，最後他們各付各的。

範例3

大賢每到週末就會在家睡懶覺。太太說春天要來了，想要大掃除，並催促老公大賢幫忙打掃。大賢只回了一句「別來煩我！」就把自己捲進棉被，不肯離開床上。

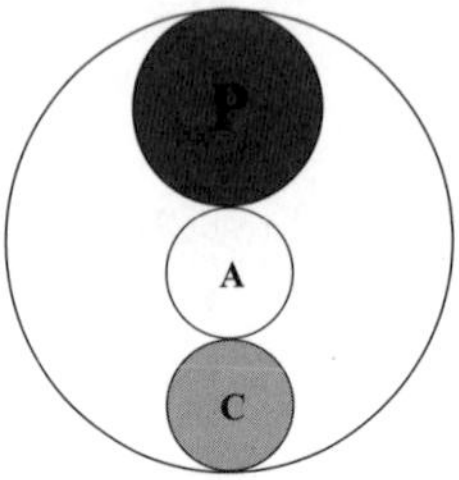

範例 1 的自我狀態偏好：父母自我（P）
在父母自我狀態下會批判該青年的行為，
同時也會擔心對方可能受傷。

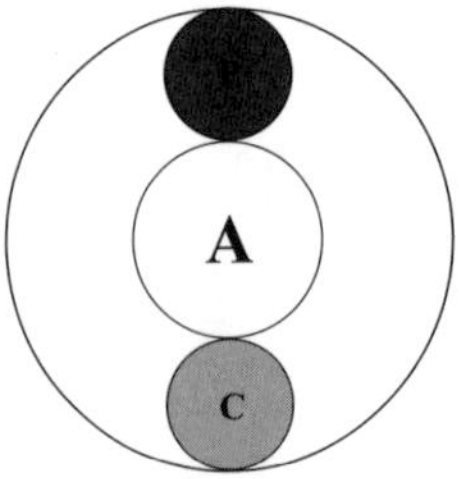

範例 2 的自我狀態偏好：成人自我（A）
在成人自我狀態下不會偏重情感，
而是會客觀看待當下的狀況，
採取請求鄰近派出所協助等較實際的作為。

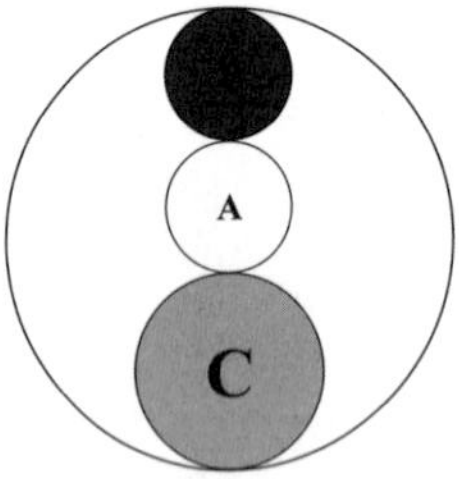

範例 3 的自我狀態偏好：兒童自我（C）
在兒童自我狀態下，
會直率地表達自己不愉快的情緒。

上面這三個圖，讓我們看見三種不平衡的自我狀態，我們可以從中得知，每個人的優勢自我，主要會透過言語和行動展現。範例1的賢碩是典型的P優勢型（父母自我）。通常P優勢型（父母自我）的人，會用「必須要～」「不能～」等方式說話，認為自身有一定的義務，屬於較不會變通的類型。他們會誠實地履行自己的工作或責任，比起享受人生，他們更偏向「工作狂（Workaholic）」。而這也使他們較不擅長表達自己的情緒，也較不會做出反應本能的行為。

範例2芝妍這類的A優勢型（成人自我）則是現實自我較為強勢，每件事情都強調合理性。他們經常展現出計較利害得失的一面，較不通人情。他們常被人說成熟老練，但跟A優勢型（成人自我）的人溝通時，說話對象也必須處在成人自我的狀態下，因此較不容易建立親密關係。

範例3的大賢為C優勢型（兒童自我）。即便他會看太太的臉色，壓抑自己想再睡一下的心情，起來幫忙大掃除，仍然屬於C優勢型。這是一種幼兒需求較強勢，現實自我較弱勢的傾向。看起來就像幼兒期的孩子一樣任意妄為，或是過度在乎他人的臉色而嘗試配合別人。他們在處理某些事情或解決問題時，會因為個性不成熟，以及現實且合理的成人自我較為弱勢，而難以適應社會。

上述範例讓我們看到，三種自我狀態中若有一種特別突出會是什麼情況。看見他人外顯的行為模式，我們可以依照對方的性格將其歸類。性格在選擇職業時也會造成很大的影響，所以特定的職業群經常會出現特定自我較為強勢的人。

例如地方政府第一線的公務員，或是經常需要出動解決民眾問題，工作壓力較大的現職警察等。聽他們講述在現場發生的許多意外案件，以及他們解決問題的方式，釐會發現他們在遵守規定執行公務的過程中，會用比較具權威性卻有責任感的方式，釐清問題的是非並管理當事人。如同各位所猜測，他們大多是P優勢型（父母自我）的人。P優勢型（父母自我）的人最經典的職業是軍人、警察、教師、評論家與護理師等等。

我遇過一名稅務師，他經常需要與公司董事長碰面，進行許多講座、簡報。觀察他說話的習慣和演講的風格，發現他通常面無表情，說話以描述事實為主，語氣較沒有高低起伏，與說話對象或聽眾沒有太多互動，只是單方面（單向）的知識傳達。他屬於A優勢型（成人自我）。A優勢型（成人自我）通常從事會依照特定原理或事實為基礎來判斷或行動的會計師、律師、書記、稅務師、主播、記者、工程師等。

我還遇過一名部落客，很善於用文字表達自己感受到的情緒與想法。他所分享的商品使用心得總能獲得很多留言與讚數。在他從部落客跨足成為影像創作者之前，他前來接受說話指導，我發現他是C優勢型（兒童自我）的人。善於如實地將情緒表現出來、直覺較強的C優勢型（兒童自我）通常會從事畫家、書法家、藝人、音樂家、漫畫家等藝術創作相關的工作。

你的哪一個自我狀態較為強勢呢？理解自己主要的性格，就能夠察覺到自己平時的說話習慣、如何跟人溝通。**開始理解他人，並探討該如何跟彼此說話、溝通才能締結良好關係，就能找到自我理解的答案。**

理解我和你的五種個性

一九九〇年代，MBC電視台曾製播過一個節目叫做《李輝載的人生劇場》，是一個有關做決定的綜藝短劇。李輝載會飾演故事的主角，在必須做出選擇時，他會固定喊出「好！我決定了！」這樣一句台詞，這句話後來甚至掀起流行。

我們的人生方向會隨著所做的選擇而改變。雖然我們遭遇的事情，**大多是因我們無法掌控的外在因素而起，但面對這些事情時要做出什麼決定，則是自己的選擇。**不想後悔、不想受傷嗎？不想太痛苦、想要更成熟嗎？想過得更輕鬆更幸福嗎？那就不要被不受自己掌控的外在因素影響，也不要浪費太多精力在那上面，專注平緩自己的內心吧。

要達到這個目標，我們首先需要理解自己內在的「五種個性」。我們都知道，演員（Actor）會在一部戲劇中飾演一個角色，並透過角色帶我們看見故事。角色（Character）的個性形塑出角色的形象，**並讓我們看見自己內在的五種個性是如何呈現、如何發散。**

前面我們介紹過人類心理的父母自我（P）、成人自我（A）、兒童自我（C）等三種狀態，接下來讓我們了解人在每一種自我狀態下，用於表達自我個性的「功能」。功能在字典上的意義是「可發揮的用途或作用」「依照權限或能力，在一定的領域中扮演的角色或作用」。以父母自我狀態來舉例，父母的角色對孩子來說，是教導原則與規律的**「控制性角色」**，也是理解並照顧孩子的**「養育性角色」**。所以在父母自我狀態下，人會呈現出這兩種個性。溝通分析中，會將父母稱為「控制型父母（CP，Controlling Parent）／批判型父母（CP，Critical Parent）」或「養育型父母（NP，Nurturing Parent）」。在這裡需要注意的是，我們不能被刻板印象影響，認定父親（或男性）是控制型父母，母親（或女性）是養育型父母。必須依照人在父母自我狀態下扮演怎樣的角色，區分是控制型還是養育型父母。

人類成長過程中大大地受到父母影響，會違反或順應父母決定的規則或期待。所以在兒童自我狀態下，也會出現兩種個性，分別稱為「自由型兒童（FC，Free Child）」和「順應型兒童（AC，Adapted Child）」。

自我狀態	心理結構	心的功能	職責	角色
父母	P	CP	控制型父母	憤怒
		NP	養育型父母	包容
成人	A	A	理性型成人	沉著
兒童	C	FC	自由型兒童	坦率
		AC	順應型兒童	順從

最後，成人自我狀態則是在「此時此刻（Now and Here）」的狀況下，表現出合理且理想樣貌的個性，稱為「理性型成人（A，Adult）」。

二〇一五年皮克斯動畫公司曾製作一部動畫電影《腦筋急轉彎》，主角是七歲的萊莉・安德森。故事中她的情緒出現問題，劇情敘述她如何恢復幸福的過程。電影將人的情緒擬人化為「怒怒」「厭厭」「驚驚」「樂樂」與「憂憂」等角色，讓觀眾看見人心的多變性。

電影讓人看見「人類的五大情緒」，而我也想將溝通分析所說的「人的五大個性」取個名字，以角色的方式來說明。為了真正了解自我並與他人溝通，希望大家都能認識自己的心，好好操控這五種個性。

憤怒的想法與態度	憤怒的語言
・認為問題在對方身上 ・無視且輕視的態度 ・保守批評的態度 ・講究道德倫理、目標導向 ・強調正義、勸善、良心、規則	・當然要做～ ・不做～不行 ・錯了！不行！ ・不要做蠢事！ ・照我說的去做！
憤怒的聲音和語調（準語言）	**憤怒的行動（非語言）**
・高壓的、權威的、獨裁的 ・批判、斷定、爭論、說教	・指責、指指點點 ・皺眉頭 ・雙手抱胸、眼睛輕視地向下看

控制型父母（CP），憤怒

有年幼子女的父母，會控管並教導孩子該做什麼、不該做什麼。例如「早睡早起」「遵守交通號誌」「回家要先洗手」「當個乖孩子」「不要站沒站樣坐沒坐樣」「不要亂花零用錢」等。有這種傾向的人，在公司也會用「給我把報告寫好來」「給我遵守交件期限」「這樣做會出大事」等方式，把員工當成小孩一樣下達指示，展現出嘗試控制他人的一面。萬一你是這種個性，那麼你就是擔任「控制型父母（CP）」職責的「憤怒」角色。

包容的想法與態度	包容的語言
‧ 認為對方沒有問題 ‧ 寬大且溫柔的態度 ‧ 包容且支持的態度 ‧ 養育且保護的態度 ‧ 強調同情、憐憫、愛護、照顧、理解	‧ 我幫你做～ ‧ 要我幫忙嗎？ ‧ 你做得很好 ‧ 過來，別擔心 ‧ 沒事的
包容的聲音和語調（準語言）	**包容的行動（非語言）**
‧ 溫柔且多情的語調 ‧ 溫暖善良的聲音	‧ 擁抱、輕拍肩膀 ‧ 溫暖的眼神 ‧ 拉起對方的手並輕拍

養育型父母（NP），包容

父母的另一種角色，是為孩子著想並照顧孩子。例如餵飽孩子、在孩子生病時幫忙照顧、協助他們治療等。如果就像父母保護孩子一樣，你也會保護且照顧他人的話，那你就是擔任「養育型父母（NP）」職責的「包容」角色。

沉著的想法與態度	沉著的語言
・現實導向 ・以事實與資訊為依據做決定 ・客觀、合理、理性的態度 ・較沒有人情味、冷冰冰且會計較利害得失 ・知性、理論、公平、正確性	・誰、何時、何地、做什麼、怎麼做、為什麼～？ ・具體來說～ ・與～一起比較時～ ・根據統計、根據調查～ ・我們來確認看看什麼才是對的
沉著的聲音和語調（準語言）	**沉著的行動（非語言）**
・低沉平穩的聲音 ・安定冷漠的語調	・精準的手勢、正確的姿勢 ・無表情變化 ・明確的視線

理性型成人（A），沉著

理性型成人（A）是一種在「此時此刻（Now and Here）」，採取合理且合乎邏輯行為的個性，角色是「沉著」。

坦率的想法與態度	坦率的語言
・以自我為中心、不講邏輯 ・直觀、本能、即興、創造性 ・開朗、快活、樂天、自動自發的態度 ・反抗的、主動的態度 ・不綁手綁腳、好奇心、天真爛漫、感性、機靈	・好！不好！ ・膩了、好煩、開心！ ・想要～、想擁有～ ・不知道、什麼？給我～ ・（驚嘆）哇！好棒！真的嗎？
坦率的聲音和語調（準語言）	**坦率的行動（非語言）**
・能感受到情緒的、開心爽朗的聲音 ・浮躁的聲音	・愛笑的淘氣鬼 ・機智與幽默 ・拍手、自由奔放的行為

自由型兒童（FC），坦率

兒童自我狀態中有兩種個性，其中之一是「自由型兒童（FC）」。如果能夠如實展現自己的情感，自由奔放且不受拘束，那就是「坦率」角色。即使聽到大人下達「不要玩食物」「人多的地方不要奔跑」等指示，仍然會故意做出相反的行徑，屬於好奇心十分旺盛的類型。長大成人之後在面對上司或身邊親友時，都不會受到他人的影響，能夠完整表達自己感受到的情緒。

順從的想法與態度	順從的語言
・順從、順應 ・讓步、追求和諧、消極的態度 ・依賴的、封閉的態度 ・壓抑感情、妥協、協助的態度 ・自我憐憫、善良的孩子、缺乏自我認同	・可以～嗎？該要怎麼做？ ・那就照你說的去做吧 ・反正…… ・該說什麼才好？ ・不能拒絕（反抗）啊
順從的聲音和語調（準語言）	**順從的行動（非語言）**
・含糊不清、沒自信的聲音 ・謙遜、自暴自棄、無力的語調	・壓抑情緒的行為、嘆氣、忍耐怒氣 ・在意他人、看他人臉色、咬指甲 ・不安、焦躁、恐懼、忍受並苦撐

順應型兒童（AC），順從

為了順應父母或他人的期待而做事，就是「順應型兒童（AC）」。他們是凡事都說「好」，會一邊行動一邊觀察四周狀況，不太能表達自己意見或情感的「順從」角色。即使想哭、想要發脾氣、想大吼大叫，他們仍會壓抑情緒不表達出來。

這裡讓我們做個有趣的想像：憤怒（CP）、包容（NP）、沉著（A）、坦率（FC）和順應（AC）一起搭一輛車，這時有一輛沒打方向燈的車子突然插進來，兩車發生擦撞。想像並比較每一種個性會有什麼反應、行動，以及會說怎樣的話。雖然這只是想像，但其實我們身邊確實都存在這些角色的人，所以這個想像肯定會讓人感覺很真實。

憤怒（CP）的反應

想法——要指責對方的錯誤！

行動——伸出手指對對方指指點點，還會做出一副傷腦筋的樣子。

話語——（強烈語調）會不會開車啊？開車時到底都在看哪啊？

包容（NP）的反應

想法——得先看看有沒有人受傷。

行動——觀察對方的狀態，先聽取對方的說法。

話語——（溫柔語調）沒事吧？有沒有哪裡受傷呢？

沉著（A）的反應

想法——客觀判斷狀況並依程序步驟處理。

行動——確認車子的狀態，聯絡保險公司。

話語——（冷靜語調）跟保險公司聯絡，請他們來處理吧。

坦率（FC）的反應

想法——（忠於感情）天啊，糟糕了~出車禍了！

行動——對這個狀況露出尷尬、困擾的表情，感到很不愉快。

話語——（自言自語）什麼啊，怎麼一大早就出這種事啊？

順應（AC）的反應

想法——先看看對方會有什麼反應。

行動——等待對方的反應，配合並接受對方的提議。

話語——（認同語氣）好，那就……就這樣吧。

如何？即使在相同情況下，每個人都會因為個性不同而呈現不同面貌對吧？觀察人們說出來的話、展現出來的行動，就可以掌握自己與對方的自我狀態。

二〇二一年第九十三屆奧斯卡頒獎典禮上，尹汝貞以電影《夢想之地》成為史上第一位榮獲奧斯卡女配角獎的韓國演員。透過得獎感言，展現她直率又機智幽默的坦率（FC）角色。這天的頒獎人布萊德．彼特，恰好是《夢想之地》的製作公司「Plan B」的老闆。他宣布女配角獎得獎人是尹汝貞，尹汝貞便從觀眾席走上台領獎，並開玩笑地表示她終於在頒獎典禮上見到布萊德．彼特本人，感到非常榮幸。接著又調皮地調侃他說「我們在拍戲的時候你人都在哪裡」，讓台下的出席嘉賓哄堂大笑。紐約時報盛讚「尹汝貞的得獎感言，是古板頒獎典禮上的意外禮物」，CNN也報導「尹汝貞成了全場焦點！」

負責為她打理頒獎典禮造型的造型師，在接受美國媒體訪問時，曾經透露一個與她有關的小故事。雖然獲得全世界超過兩百五十套高額名牌服飾的贊助提案，但她全數拒絕，因為名牌寶石又大又重，她實在不喜歡，希望禮服設計不要太過繁複，要更能凸顯她熱愛簡單的個性，希望能夠選擇一套符合她年齡的禮服。這種能將自己感受到的情緒，忠實且毫無阻礙地表達出來，就是坦率（FC）角色。

如今成為全球最具影響力電影人之一的奉俊昊導演，則是在進行電影創作時會成為包容（NP）角色的代表性人物之一。在電影《非常母親》與他合作的製作人徐宇植曾說，奉俊昊導演平時在拍片現場，會跟演員們說「非常好，我們再來一次喔～」「啊，真的很不錯，但好像還缺百分之二，我們再來一次吧」「很累吧？不過這裡情緒如果可以再多一點，應該會很不錯」之類的話。⑦

演出電影《殺人回憶》《駭人怪物》的演員朴魯植也曾說「無論是配角還是一個小角色，奉俊昊導演都會為他們取名。」現實上來說，總導演不太可能去照顧演小角色的演員，但奉俊昊導演總是會溫柔地照顧到每一個人，尊重身為演員的每一個人。演出《駭人怪物》的演員邊希峰也說「即使同一場戲重拍了二十次，奉俊昊導演都不會對演員生氣。」另外有一個與奉俊昊導演相關的小故事，是在拍《非常母親》時發生的事。主角金惠子在拍一場痛訴心中憤恨的戲，足足重拍三十次之多。奉俊昊導演來到疲憊不堪的金惠子身邊，並對她說「您表演得很好～（安撫演員）我會從第十六次跟第三十次的版本中選一個來用。」這件事能夠讓我感覺他真的是個很細心、很為他人著想的導演。金惠子在韓國有「國民媽媽」之稱，有超過六十年的演戲經歷，生涯中榮獲許多戲劇大獎，是最名副其實的韓國頂尖演員。這

⑦ MBC特別紀錄片〈導演奉俊昊〉篇

樣的她在同一場戲重拍了三十次，又聽到「前面演得比較好，就選第十六次的版本來用」的時候，會是什麼感覺呢？她肯定會很不高興地想「奇怪，既然要選第十六次的版本，那怎麼不早點說？為什麼要繼續拍啊！是不是故意要讓我這麼辛苦？」當然，最後的選擇是導演的權限，是沒有人能置喙的選擇。不過奉俊昊知道這個決定可能會影響演員的心情，所以改口說「從第十六次跟第三十次的版本中選一個」，來安撫演員的心。

他也曾經贈送一本寫真書，給與他一起拍攝電影《末日列車》的工作人員，還一併附上「艾瑞克，你是我認識的最優秀的藝術家」這樣一句留言。在以電影《寄生上流》榮獲許多國際大獎時，他也在國際電影節的頒獎舞台上，點名口譯員崔雪倫（Sharon Choi）、演出電影的演員，還有在場許多他尊敬的導演，毫不吝惜感謝並稱讚這些人。透過這些小故事，我們可以看到奉俊昊導演的言行，確實展現強烈的包容（NP）角色特質。

個性的雙面性

（OK, Not-OK）

讀完前面的內容後，是否能理解自己如何與他人溝通、為何會說出特定的話語了嗎？我們一直以來的說話溝通方式，都是基於從自我狀態所發展出的個性，而個性會大大受到父母、主要養育者或成長經驗的影響。接著我們又更進一步，一定程度地了解與自己建立關係的家人、朋友、職場同事的個性。溝通分析認為人類同時擁有這五種個性，只是每一種個性的強度有所差異。

人生在世，我們經常會遇到與上司摩擦、與不同部門的同事產生意見落差、情人或夫妻之間不合、與子女爭吵等許多衝突狀況。每到這個時候，**我們應該先覺察自己的自我狀態，以能夠掌握自己當下狀況與對方自我狀態的角色「應對」之後**，就能達到更順暢的溝通交流。

我們無法計較人的個性好壞，而是應該理解那樣的表現是不同角色的特性。不過就如同銅板是一體兩面，凡事都存在著正面（OK）與負面（Not-OK）兩種性質，我們需要盡可能地努力發揮正面的作用。讓我們來看看以下的範例，參考一下每一種個性所具備的雙面性吧。

正面的憤怒（OK CP）與負面的憤怒（Not-OK CP）

正面的憤怒會追求道德規範、社會秩序與組織內的規定。就像上司會對新進員工說「要嚴格遵守上班時間」，或是醫師告訴患者「你體重過重，應該減肥，不然對健康不好」一樣。

負面的憤怒則會毫不修飾地展現個人偏見或批評別人，他們經常把以下的話掛在嘴邊：「你給我閉嘴，不要多說話！」「怎麼能每天都請假？以為公司是遊樂場啊！」「來自〇〇地方的人就是有問題」「〇〇地區的人就是脾氣不好，固執得不得了」「最近的年輕人真的很不負責任」等等。

正面的包容（OK NP）與負面的包容（Not-OK NP）

正面的包容會站在對方的立場理解並體貼對方，他們會以對方「遇到什麼困難了嗎？如果需要任何協助，隨時告訴我」的方式，向對方伸出援手。

負面的包容會在事情未達到他個人標準時不停發牢騷，並抱持著盲目的愛，採取過度保護與過度親切的態度。有負面包容性格的人，嘴上會說著是為對方好，其實反而讓對方感到痛苦。

正面的沉著（OK A）與負面的沉著（Not-OK A）

正面的沉著會採取客觀且合理的判斷與行動，負面的沉著則會缺乏人情味，顯得較為冷漠。

正面的坦率（OK FC）與負面的坦率（Not-OK FC）

正面的坦率會在公司或社交場合表露自己的情感，並且非常享受這段時光。在跟小孩或寵物玩的時候，他們也會帶著童心，展現出天真爛漫的一面。

負面的坦率則是在公事上不守禮節，容易讓他人感到丟臉，並做出突發的言行使情況變得尷尬。

正面的順應（OK AC）與負面的順應（Not-OK AC）

正面的順應比起跳出來領導他人，更喜歡協助身邊的人，並展現出謙遜的態度。

負面的順應會過度在乎他人的臉色，採取拖延的姿態以想盡辦法推遲面對現實的時間。他們缺乏自我認同，較容易有依賴他人的傾向。

心的功能	正面的反應（OK）	負面的反應（Not-ok）
憤怒（CP）	道德的、維持傳統、規範、追求理想、信念、斷定善惡	權威的、高壓的、自命清高、支配的、偏見、刻板印象
包容（NP）	保護的、育成、親切、支持、理解他人	過度保護、愛發牢騷、盲目的愛、脆弱、犧牲
沉著（A）	講究理論的、合理的、客觀的、現實導向、調整並控制P與C	缺乏人情味、愛計較、功利主義、冷靜、機械化
坦率（FC）	豐富的情感表現、自動自發的、行動派、充滿好奇心、直觀的	反抗、攻擊性、放縱、自我中心、衝動、恐懼心理
順應（AC）	情感克制、適應、妥協、謙遜、讓步	猶豫不決、拖延、封閉的、看人臉色、過度敏感、依賴性強

溝通的第二步

自我圖（Egogram）診斷

我曾以兼任教授的身分任職於大學，當時擔任就業政策諮詢委員，舉辦了不少就業特別講座。當我問學生「你們認為自己的個性有哪些優缺點」時，台下瞬間沉默了數秒。最了解自己的人明明就是自己，學生們卻無法充滿自信地回答出來。我一說也可以拿別人舉例，才有幾個學生開始回答。「我做事很仔細」「我很有責任」「我很愛挑戰」「親和力和溝通能力是我的優點」「我不夠有行動力」「我的缺點是愛擔心和想太多」「我不喜歡拖延，總喜歡急忙把事情做完，這是我的缺點」。

聽完這些答案之後，我請這些同學舉一個曾經發揮這些優點的例子，結果教室裡瞬間一片靜默。這件事情讓我發現，不了解自己的學生意外地多。近來我在為公家機關面試新人時，也遭遇過類似的經驗。求職者分成六人一組進到會場裡來，包括我在內的三名面試官會分別提出共同提問和個人提問。有些求職者非常了解自己，能夠凸顯自己適合這份職務的強項，但也有些求職者做不到這點。尤其在回答共同提問時，這樣的差異就更加明顯。

我曾經為一名結婚後，為了育兒短暫離開職場的女性進行面試指導。她說自己一直在家帶孩子，變得很沒有自信，也失去了自我認同。所以我首先讓她做掌握自己個性的性格診斷，然後再慢慢引導她分析自己。

面試過程是求職者與面試官的溝通，說服面試官相信求職者的優點，能夠為公司的發展帶來貢獻，就是面試的關鍵。差別只在於書面審查是用「文字」，口頭面試則是用「話語」說服他人，但本質仍然相同。新冠肺炎疫情爆發以來，日本企業開始採行非接觸式面試，差別只是從「接觸式」變成「非接觸式」而已，溝通依然要從理解自我開始。這並不只適用於就業。在所有需要溝通的狀況下，「理解自我」都是最基本的原則，請各位務必牢記。

理解自我的方法之一就是自我圖（Egogram）。自我圖在美國精神醫學家艾瑞克・伯恩開創的溝通分析理論中，是用於自我狀態的功能分析。後來被美國心理學家約翰・M・杜賽（John M. Dusay）改良，從溝通分析的角度將人類性格視覺化。自我圖將PAC自我狀態的五種個性分別投放多少心理能量、相對的差異，以及投放最多與最少的心理能量，以柱狀圖的形式繪製而成。自我圖類似心的指紋，能夠幫助人們理解自我。前面我們已經了解了PAC自我狀態歸類的五種個性，現在我們能用圖表直接看見這些個性的特性，根據以下順序自我診斷，線上診斷和詳細分析可以參閱網站（www.empoweredu.kr）。

診斷方法

・〔診斷1〕為一般用，〔診斷2〕為家庭用，請選擇一個進行就好。
・選擇〔診斷1〕就想像你在工作環境中的模樣，選擇〔診斷2〕則想像你在家中的模樣，並快速回答問題。
・請不要想像理想的模樣，而是回想你平時的樣子。
・跟平時的你類似就在白色格子裡打「○」，跟平時的你不同就打「×」。
為了正確地診斷，請盡量以○、×標示，較難判斷的狀況可例外以△標示。
・「○」2分、「△」1分、「×」0分，請分別計算各直排加總後的分數。
・最後將分數對照到第103頁的自我圖，用線連起來。

自我圖〔診斷 1〕一般用

1	會思考相互的利害關係後再行動。
2	認為自己是個行動非常自由的人。
3	即使是對方正在說話，也會說出自己的想法。
4	雖然自己有些想法，但通常不會說出來。
5	會嚴厲批判他人的行為或失誤。
6	非常想揣測他人的心思。
7	善於掌握並支持對方的優點。
8	對話過程中鮮少情緒激動。
9	對每件事情都有強烈的好奇心。
10	討厭違反與金錢、時間、業務有關的約定。
11	會在意周遭的目光，想維持體面。
12	周圍的人拜託你，你通常會答應。
13	不擅長出頭，經常讓步給別人。
14	非常守法，認為遵守社會的道德、倫理非常重要。
15	會以分析的、客觀的、邏輯的方式思考事物，然後再慎重決定。
16	面對不想做的事情有拖延傾向。
17	認為照顧身邊的人是一種喜悅。
18	比起自己的主張，更常聽從或妥協他人的主張。
19	比起用心感受，更偏好用腦袋思考。
20	認為遵守日常禮儀很重要。
21	會以中立的姿態聽取雙方意見後，再做出合乎現實的決定。
22	有時候會過度沉溺於喜歡的娛樂、食物。
23	討厭不負責任的人，非常重視責任感。
24	會以正面且包容的態度面對他人。
25	會在意他人的臉色、話語和行為。

26	即使內心不滿，還是會在意周圍想法而不表達出來。					
27	經常使用指示或命令式的句子。 （例如：要這樣做！不要那樣做！等等）					
28	會隨心所欲地說出自己的想法或感受。					
29	連一點點小錯誤都不會放過，會毫不留情地指責。					
30	會非常用心希望能讓對方滿意。					
31	善於壓抑，不表達自己的情緒。					
32	非得得到自己想要的東西才會善罷甘休。					
33	無論面對什麼事都不會被感情影響，會客觀看待事物。					
34	不吝於表達情緒，經常使用感嘆詞。 （例如：哇～好棒～等等）					
35	自信不足，經常覺得自己似乎做不到。					
36	會建立縝密的計畫與預算後再行動。					
37	幽默且經常開玩笑。					
38	經常衝動地生氣。					
39	對錯分明，是非黑白很明確。					
40	會理性思考和行動，盡量不受情緒影響。					
41	面對不了解的事物會先蒐集資訊再謹慎行動。					
42	會寬大地包容孩子或部下的錯誤。					
43	善於傾聽和同理，且待人親切。					
44	會直接關注孩子或部下不好的行為。					
45	活潑有生氣、充滿好奇心且主動積極。					
46	會親切地回答他人的問題。					
47	愛意表現十分豐富，喜怒哀樂很明顯。					
48	喜歡付出，經常讓自己受損失。					
49	能好好管理自己的狀態，不會過度勉強自己。					
50	富有同情心，看到可憐的人會無法承受。					
	○：2　△：1　×：0					
		CP	NP	A	FC	AC

自我圖〔診斷 2〕家庭用

1	認為自己更理性而非感性。	
2	高興或悲傷時會透過表情或動作表達出來。	
3	子女或先生（或太太）犯錯時，會立刻教訓對方。	
4	順從且消極。	
5	在遵守規定這方面要求嚴格。	
6	有人問路時會親切回答。	
7	受人請託時通常都會幫忙。	
8	在責備子女或先生（或太太）之前會先問事情的緣由。	
9	很會講有趣的事或開玩笑。	
10	嚴格遵守禮節或規範。	
11	經常遇到不把想法講出來，但事後後悔的經驗。	
12	喜歡買任何東西給朋友和家人。	
13	即使是勉強自己，也會努力在他人面前維持好形象。	
14	認為現在的人都過度保護子女。	
15	對不懂的事情會提問或跟人討論。	
16	有自卑感。	
17	會稱讚子女（或小孩），或是摸他們的頭。	
18	為了子女或先生（或太太），再怎麼討厭的事情都會嘗試忍耐。	
19	能夠有效地把事情處理好。	
20	無論是什麼事，不做到最後不善罷甘休。	
21	經常讀書或看新聞。	
22	會毫不猶豫地說出自己想說的話。	
23	認為自己是個很有責任感的人。	
24	喜歡照顧他人或幫忙收拾善後。	
25	會看他人的臉色行動。	

		CP	NP	A	FC	AC
26	比起自己的想法，更會聽從父母或他人的意見。					
27	即使是一點小事也不喜歡拖拖拉拉。					
28	孩子惡作劇或耍賴，也會置之不理。					
29	常說「不行！」「一定要這麼做」等話。					
30	會迎合年長者或子女的心情。					
31	面對討厭的事物卻說不出口，會壓抑自我。					
32	無法擁有自己想要的東西會覺得難過。					
33	對子女的教育指導幾乎不會有任何情緒。					
34	喜歡電影或舞台劇等娛樂。					
35	經常感到憂鬱或悲傷。					
36	不管面對什麼事，都會先預測結果再行動。					
37	能夠放下自我，專注和小孩玩樂。					
38	喜歡看漫畫或讀雜誌。					
39	討厭疏忽了時間或金錢方面的約定。					
40	在做一件事時，通常會去想自己所能獲得的好處。					
41	感覺健康狀況不太好時，會想辦法自己改善。					
42	比起缺點，更常看到他人的優點。					
43	會同情他人的困難並給予安慰。					
44	會很明確地說對、錯、好、不好。					
45	常用「哎呀～」「好棒！」「真了不起！」等感嘆詞。					
46	對子女或先生（或太太）的失誤、失敗相當寬容。					
47	喜歡跟孩子開玩笑或逗他們玩。					
48	認為自己很有同情心。					
49	能夠與先生（或太太）針對育兒進行理性對話。					
50	經濟上更寬裕時，會想幫助孤兒或孤兒院。					
	○：2　△：1　×：0					
		CP	NP	A	FC	AC

自我圖分析單

將透過自我圖算出的五個結果數值（分數），依序在圖表上相應處點出來，畫成柱狀圖之後再用線連起來，就可以看出自我圖分析的曲線。

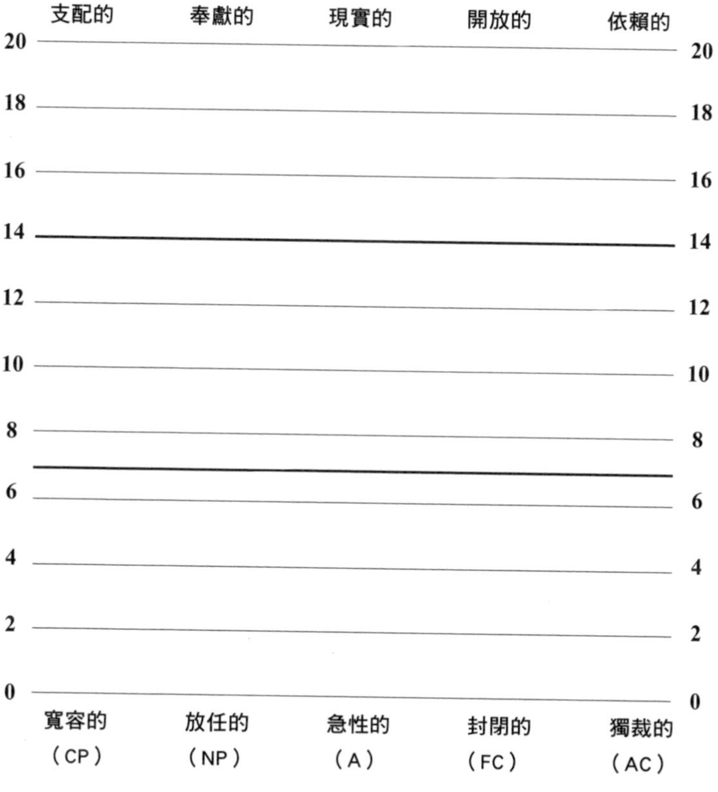

- 我的強項（請勾選）　□ CP　□ NP　□ A　□ FC　□ AC
- 我的弱項（請勾選）　□ CP　□ NP　□ A　□ FC　□ AC

能一眼看出自己的個性嗎？自我圖是能夠客觀掌握自我個性的資料。即使占的比例很小，但人類確實都擁有這五種個性。你獲得最高分的自我狀態是哪一種呢？作用最強烈的自我狀態是你面對事情時的第一反應，分數最低的自我狀態，則是經過一段時間後的第二反應。

約翰・M・杜賽曾說過，使自我圖改變的最佳方法，就是提高自己想要提高的自我狀態功能。你可以透過自我圖確認自己的強項（Strong Point）與弱項（Weak Point），嘗試用一些方法刺激作用最弱的自我狀態。這樣一來，其他功能的自我狀態能量就會自動降低。「質量守恆定律」告訴我們，能量的總量會維持不變，這也是我們用於調整自我狀態能量的原理，更詳細的訓練方法可以參考附錄。

接受我指導的人當中，有一名任職於科技公司的工程師，他的自我圖的結果是控制型父母（CP）最高、養育型父母（NP）最低。他身為中階主管，必須領導許多專案，並將工作分派給組員們。但他總會不自覺地雙手插腰，並經常使用高壓式的口吻說話。他來接受指導時，我請他做一些能提高養育型父母

（NP）個性的行為，例如鼓勵組員，或是用比過去更溫柔的語氣說話。我們不需要花費力氣降低控制型父母（CP），只要依照質量守恆定律，將更多精力投注在養育型父母（NP）上，就能讓控制型父母（CP）自動降低。我們可以用這種方法來解決內心狀態的不平衡，往更正面的方向修正、改善。這是讓我們在面對組織內的溝通與人際關係時，找出自己能改善之處，讓自己變得更加理想的過程。

刺激內在狀態的行為

控制型父母（CP）	養育型父母（NP）	理性型成人（A）	自由型兒童（FC）	順應型兒童（AC）
遵守約定與規範	對小孩或員工說話和氣	沒有情緒起伏地說話	沉醉於藝術，擁有豐饒的心靈	傾聽他人說話
確實完成被交付的任務	以「做得真好」、「沒關係」等話鼓勵	好好建立並執行計畫	嘗試接觸大自然	努力讓對方滿意
做事要負責	站在對方的立場幫對方想	明確規劃預算再行動	不受雞毛蒜皮的小事限制	能夠適當地壓抑自己
有目標	嘗試掌握對方的優點	客觀思考	對事物抱持強烈的好奇心	總是為身邊的人著想
實現已經決定好的事	為他人打氣加油	無論做什麼都會先建立計畫	一有想法就會立刻行動	在乎他人的想法

做事會分公私	會跟小孩肢體接觸	嘗試推測可能性	積極行動	單純聽取他人的意見
走路抬頭挺胸	以寬大的愛對待他人	養成針對事實思考的習慣	順從自己的心，想做什麼就做什麼	不做會引起波瀾的事情
會注意一些不好的行為	做事態度和藹親切	詢問每個人的意見	如實表達自己的態度與情緒	連細節都會非常在意
立家訓	親切地聽取他人說話	不會感情用事	開朗且人際關係融洽	跟隨他人決定好的事情
會明確地評價他人	受他人請託會欣然接受	以5W1H的形式問問題	隨時都充滿活力	即使內心有不滿也不會表現出來
動作或行動不拖泥帶水	善於照顧子女與他人	說話不急躁，保留適當的說話時間	會積極發表自己的意見	會在意身邊的人，並顧及他人的面子
是非對錯分明	帶頭參與義工活動	會公平看待事物	樂觀思考、行動	迎合他人

Part 3

對話的基本原理：該怎麼說才好？

不要反應，而是對應

美國心理學家亞伯・艾里斯（Albert Ellis）曾說「使我們混亂的，並不是我們所經歷的事件本身，而是源自我們以不合理的方式接受這些事情。人類的幸福、不幸都與心理狀態有關。」臨床心理學家兼精神科醫師威廉・葛列什（William Glasser）同樣也透過選擇理論告訴我們「大多數的行為都是選擇，與他人相處良好的方法就在我們自己內心。」那麼在開始煩惱該怎麼說話之前，我們首先必須煩惱該如何接受眼前發生的情況。這樣我們面對特定的狀況，才不會以直覺反應，而是以合適的對應方式選擇該怎麼說話、用不同的方式說話。

範例

J比約定時間晚了約一小時抵達，他氣喘吁吁地衝來，整個人上氣不接下氣。J沒能好好看朋友K一眼，低著頭一屁股坐到位子上，開始觀察K的反應。朋友K覺得很受傷，難以控制自己的表情。

如果你是K，遇到這個狀況你會說什麼？有些人會以控制型父母（CP）的態度，當著J的面開始發怒數落他的不是；有些人會以順應型兒童（AC）的態度，隱藏自己的情緒並理解J的難處，試著帶過整個狀況。由於時間對每個人來說都很重要，所以在這種情況下不會有人還能保持好心情。而且不是由自己造成，而是完全因對方的錯誤所發生的情況更是如此。

但即使在同樣的狀況下，還是有人能用不同的方式說話。**因為「能用不同方式說話」**

的人，就能夠「用不同的角度」接受狀況與事件。我們能做的反應有兩種，一是「下意識的反應」，另外一種則是「有意識的反應」。

下意識的反應就像「打哈欠」「打噴嚏」「打嗝」一樣，不受大腦控制，會因為刺激而下意識地發生。有意識的反應，則會依大腦的判斷及命令動作。例如過馬路看號誌燈、熱的時候搧風等等。

為了解決這些情況並好好與對方交流，我們該選擇哪種反應呢？當然是「有意識的反應」。**我會用「對應」來代替「有意識的反應」。**反應與對應這兩個詞乍看之下差不多，但其實觀察使用這兩個詞的狀況與脈絡，便能明確區分它們的意思。我們經常會說「過度反應」，但卻不會說「過度對應」。在面對某些危險情況時會說「及早對應」，卻不會說「及早反應」。是否感覺到微妙的差異了呢？例如消防員接獲火災警報時不會沒頭沒腦地衝進火場，而是會冷靜聽完報案人的敘述之後，針對火災狀況所需的人力與裝備進行準備並快速對應。**簡單來說，反應是下意識的、習慣性的行為，而對應則是有意識的、選擇性的行為。**所以我就用「對應」來代替「有意識的反應」。針對已經發生的狀況，讓我們來看看若選擇用「對應―Response」，而不是用「反應―Reaction」來面對狀況，會發生什麼結果吧。

反應者

「喂，現在都幾點了?!你怎麼都不接電話？」

「你怎麼一天到晚遲到啊？」

「你到底有沒有在看時間啊？」

「守時是基本素養吧？」

「遲到一小時太過分了啦！你是在開我玩笑嗎？」

「你是瞧不起我嗎？」

對應者

「是不是路上發生什麼事啊？」

「（聽取對方的説明）啊……原來發生了這種事。」

「都聯絡不上你……我還擔心是不是出什麼事了咧～」

「避免以後又發生這種事，以後早點出門吧～」

「這次我就特別不跟你計較！下次再遲到我就要生氣嘍～」

習慣性反應的人面對這個狀況，會大發雷霆或是侮辱、嘲諷對方的人格，這樣就能預期兩人的關係肯定會變差。雖然不守時的確是錯誤的行為，但以反應態度（Reaction）說話的人，很難與他人維持良好的關係，有時候反而會被對方反咬一口。「喂！你就沒遲到過喔？之前我沒等你嗎？你也太不要臉了！」對方甚至還可能翻舊帳，這個情境就是所謂的「做賊的喊抓賊」。但如果對方一開始就道歉，卻還一直生氣、責怪對方，那反而可能讓對方生氣喔。

若是同樣的狀況，以對應法說話（Response），對話的方向將截然不同。這些安慰、替對方著想的話，反而會讓對方感到抱歉並產生罪惡感，接著老實承認自己的錯誤。而且他們也會更感謝能理解自己的對象，並且更能信賴對方。

從我們踏出家門到返回家中的每個瞬間，都要面對許多來自外界的刺激。這意思是說，我們幾乎每一瞬間都在面臨抉擇。Reaction 是來自潛意識的即興、慣性反應，Response 則是來自意識的理性、選擇對應。即便是相同的情況，面對情況的態度與說出口的話也會截然不同。你是習慣性反應，還是選擇性對應呢？希望你能記得，你的選擇左右了對話的方向，也決定了彼此的關係。

記得
對話的目的

範例1

金代理不在位子上。這種情況不是一、兩次了，而是每次來找他時他都不在位子上。稍後金代理回到位子上，你立即連珠炮似地數落他：「金代理！為什麼每次我來找你你都不在？這還真是稀奇啊～你有認真在工作嗎？公司又不是讓你來玩的地方，還不給我乖乖坐在位子上！」

範例2

下班後回到家，發現孩子們正在客廳裡跑跑跳跳。「唉唷，煩死人了！就說不要在客廳裡亂跑亂跳了吧，上次也是因為你們這樣吵鬧，樓下的人就上來抱怨了！真是要氣死我了！」明明可以好聲好氣地勸誡，卻偏偏要大小聲對孩子發火。接著看見孩子們沮喪的樣子，心裡又感到後悔且抱歉。

常有人感嘆他們不擅長在形成溝通的刺激與反應之間讓自己停下來，改成用理性的方式對應。遇到這樣對過去感到後悔、自責的人，我會邀請他們來到「此時此刻（Now and Here）」。溝通分析是適用於人際關係中所有情況的性格理論，也是一種心理技巧。這個理論的基礎是假設每個人都有獨立思考的能力，可以決定自己的命運，並且能夠改變自己所做的決定。所以我們可以改變自己，做出全新的選擇，讓自己成為樂觀的存在。我們只需要不糾結過去，從現在開始重新選擇就好。

要把話說好雖然需要天生的才能，不過說話的習慣卻比才能更重要。習慣兩個字代表學習並熟悉所學的事物，也因為必須熟悉所學的事物才能培養出一個習慣，因此這實在不是件容易的事。雖然人的習慣無法一夜改變，但我們只要從現在開始，一一改變說話的習慣就好。

首先你要選擇，是否要藉著改變說話的習慣來恢復關係。沒有必要跟拉低你自己的價值、破壞你靈魂的人延續關係。不過如果是你自己想維繫的關係，那就想想「對話的目的」吧。

無論在什麼情況下，對話的目的都能有效與對方溝通並維持良好的關係。絕對不會

有人樂見他人因自己而心情不好，也不會帶著想使對方屈服、展現優越感的目的與他人說話，就連國與國之間，都會為了避免紛爭而致力維持同盟並締結友好關係了，不是嗎？**所以我們凡事就必須以「關係」為優先。**從家庭、職場到各式各樣的組織，在許多衝突的情況中，都是由於不成熟的說話技巧而影響到關係，因此我們必須更加努力。

如果你已經決定結束這段關係，那就不需要再做這種努力。不過如果你們未來還有機會接觸，簡單來說就是如果你沒有要和朋友絕交、沒有要和配偶（或伴侶）分手，或不打算辭職（或是尚未下定決心辭職）的話，那無論是為了自己還是為了彼此的關係，都應該採取更理性、更有智慧的「對應」方式。

越是讓彼此尷尬敏感的衝突狀況，我們說話就必須更謹慎。**所謂的謹慎是不立刻把話說出口的「短暫沉默」，我們需要暫時停下想法與行動，好好調整一下自己的呼吸。**精神健康醫學醫師吳恩英博士強調，生氣時最重要的是給自己十五秒的時間。人們憤怒時，大腦的多巴胺會上升，假設多巴胺的數值是一至十，當多巴胺數值到達十的時候就會爆發。但若在數值停留在六時，稍微暫停思考十五秒，怒火就能夠平息。所以我會建議，生氣時可以短暫憋氣，憋完氣後再重新開始呼吸，會讓你認知到「我又重新開始呼吸」，這能夠幫助你冷靜整頓思緒，重新找回理性。

當情緒激動起來，交感神經系統便會分泌一種叫做腎上腺素的神經傳導物質。腎上腺素會使肌肉緊繃、心跳加速，這種現象在醫學上稱為「壓力反應」。使身體放鬆的最佳方法就是腹式呼吸，這是透過橫膈膜運動重複收縮與放鬆，並進一步放緩心跳，使緊張感消失的一種做法。⑧研究也發現，用鼻子呼吸時，呼吸的節奏會透過嗅覺，進入邊緣系統及前額葉皮質與神經網路同步。⑨

在這裡我想再提出一個建議。你的呼吸平息下來，可以整頓情緒之後，要冷靜地想想對方在自己心中的地位。如果這個人曾經很重要，但現在不那麼重要的話，那或許是你還對他留有一絲信任。接著再思考看看，你是想恢復這段關係，還是結束這段關係。有時候我們必須大膽地整理人際關係，為人處事才會變得更俐落明快。**但如果想繼續維繫關係，那你會需要非常強大的意志力**。你必須做好覺悟，讓自己明白雖然你們現在正因某些問題或誤會而發生衝突，但對方在你心中是非常重要的人，所以你很想維繫這段關係。你要告訴自己，不希望因為短暫的情緒衝突而使關係變質，也不希望因此失去重要的人。

與人相處總會對彼此產生不滿，也可能會鬥嘴，但把這些話吐出口的瞬間，後續的狂風暴雨便會接踵而至。華盛頓州立大學的約翰・高特曼（John Gottman）教授曾說，只要觀察夫妻之間的對話三分鐘，就能預測這對夫妻是否會離婚，命中率高達百分之九十四。他花了將近三十五年的時間，研究三千對夫妻，發現離婚的夫妻身上會出現六項徵兆。

第一項徵兆是對話總是始於爭吵，而且第一句話都很不好聽。剩下的還有批評侮辱對方並慣性為自己辯解、經常對配偶感到不滿或是找藉口敷衍、對配偶做出不好的肢體動作、雖嘗試恢復關係卻總是失敗，還有回想過去時只能想到不好的回憶等等。

人也經常與職場上司或同事發生衝突。當然，我們不會把這些人看成跟家人一樣重要，但如果你不打算辭職，那就試著想想「要繼續待在這間公司的理由」。有穩定的收入可能是一般人想留在公司的原因，也有些人是為了取得某種頭銜或名譽而繼續上班。試著想想這些理由，避免把怒火發洩出來，冷靜地尋找對策，努力表現出有意解決的態度吧。**就像我們在煮東西時，只要稍微把鍋蓋掀開，就能夠讓即將溢出鍋子的內容物消退下去一樣，我們也要養成習慣，在怒火中燒的衝突情況下先深呼吸，想想「對話的目**

⑧ 摘自韓國文章〈瑜伽，瘦身與心靈滿足〉
⑨ 摘自韓國文章〈〔姜碩其的科學咖啡廳〕呼吸如何調整情緒〉

的」與「關係的結束」。問問自己「哪些是想維護的關係」「哪些是現在想結束的關係」，**提醒自己注意那些傷害對方後可能會讓自己後悔、無法挽回的話。**

就像前面提到的，無論在什麼情況下，記得自己說話的目的，能幫助我們更有效地與對方溝通並維持良好關係，同時我們也不該把對關係沒有幫助的話說出口，因為那只會讓人後悔。如果真的有話想說，那就用更好一點的方式表達吧。吳恩英博士也建議，父母應該要持續以好言好語教導小孩。所謂的教導是立即糾正小孩錯誤的行為，是父母出於良善意圖的行動，以期能藉此讓孩子遵循社會規範。不過對孩子發火、大吼大叫的說話方式，並不能真正讓孩子改變。所以吳博士強調即使要重複上千次、上萬次，都要好聲好氣地說。我認識的一名企業領導人，曾經以教導為名嚴厲訓斥下屬，卻因此在領導者評價當中獲得不好的結果，這個結果讓他非常訝異。無論立意再良善，高壓的方式絕對無法讓溝通更順暢。我們一定要記住，在每一瞬間都可能引爆衝突的人生中，我們必須時時刻刻注意自己說出口的話。

理解
三種對話類型

各位知道「Tiqui-taca」這個西班牙語詞彙嗎？在西班牙語中，這個詞用來形容「桌球來來回回的樣子」。在足球中則用於指稱快速短傳的一種比賽戰術，近來則代表對話很流暢，能夠一來一往的意思。

Tiqui-taca完整囊括了「相互作用這個對話屬性」。在我跟對方說話，而對方有所回應時，兩人才能夠達到溝通的目的。這是一種相互作用，也是一種交流。對話即是交流，會在發訊者傳達個人想法，收訊者有所回應時達成。這時「交流的開始是刺激（Stimulus）」，而「回答即是回應（Response）」。如果有人跟我打招呼，問我「過得好嗎？」我會回應對方「嗯，沒發生什麼特別的事。」這就稱為「交流」。問題與回答、問候與應和，這樣的刺激與反應持續下去，我們就能完成一連串的交流。

送出刺激後就會獲得反應，反應會再度觸發刺激，溝通就是由這樣連鎖的交流形成。

溝通分析是掌握發訊者與收訊者的互動（語言、非語言、準語言），觀察兩者能否以特定的自我狀態模式順利溝通、能否溝通，以及造成溝通障礙的原因為何，並透過分析這個過程找出問題所在。在這樣的過程中，我們必須客觀地分析自己與他人的對話型態，找出溝通的問題所在，改善發訊或收訊的方式，藉以創造優質的關係。

所有對話都可以隨著刺激與反應的對話型態，分成三種類型。試著回想自己通常與人分享什麼類型的對話，幫助自己理解以下的對話類型吧。溝通分析使用「互補溝通」「交錯溝通」與「隱藏溝通」等說法。

溝通對話（互補溝通）

範例1

朴組長（表情嚴肅）今天的工作坊幾點開始？・成人自我（A）

金代理（平靜的聲音）上午十點。・成人自我（A）

範例2

朋友1（興奮的聲音）我們週末去登山吧！・兒童自我（C）

朋友2（拍手且提高音調）好啊，走吧！好開心～・兒童自我（C）

範例3

社長（話中帶著怒氣且神情凝重）現在幾點了？到底要遲到幾次？・父母自我（P）

員工（用顫抖的聲音低著頭說）對不起，以後不會再遲到了。・兒童自我（C）

溝通對話指的是話者發出刺激，並且收到符合期待、符合預期的回應。這樣的對話就像有人在東邊敲了一聲鼓，隨即有人在西邊同樣敲了一聲鼓一樣，會讓人有「溝通順暢」的感覺，是一種能夠延續對話的愉快交流。

在範例1朴組長跟金代理的對話中，兩人都以成人自我狀態說話，是非常理想的互動模式。可提供他人觀察線索的聲音或肢體動作，也都顯示他們以成人自我狀態進行溝通。朴組長以成人自我狀態詢問資訊，金代理則一如他的預期以成人自我狀態回答對方需要的答案。

範例2是朋友之間的對話。兩人都以兒童自我的狀態，完成愉快的對話。可觀察的聲音和肢體動作，也都處在兒童自我的狀態。朋友1在兒童自我狀態下提議週末去登山，朋友2則如朋友1所預期，以兒童自我狀態回應一起去登山的提議。

範例3是老闆與工讀生的對話。老闆是父母自我狀態，員工則是兒童自我狀態。生氣的老闆希望員工能夠認錯並反省，員工則依老闆所預期，以兒童自我狀態低頭認錯。

從老闆與員工的範例中可以看到，溝通並不是一定要在好的狀況下對話，或要求對話內容一定要是正面的內容，在衝突狀況下也能達成好的溝通對話。**關鍵在於聽者的反應如話者所預期時，就能夠達到順暢的溝通。**

痛苦對話（交錯溝通）

範例1

老闆（以生氣的語氣說）現在都幾點了？你們都遲到幾次了！・父母自我（P）

員工1（以平靜的聲音說）我又遲到了。因為地鐵發生機械故障而誤點，才造成我非故意遲到。我能理解老闆您為何生氣。・成人自我（A）

員工2 我確實是遲到了，但您為什麼要這麼大聲呢？・兒童自我（C）

範例2

兒子 媽，妳要去哪裡？・成人自我（A）

母親（用不耐煩的聲音說）幹嘛？你又要幹嘛？你都不好好讀書，最近一直在亂買什麼東西？・父母自我（P）

跟前面介紹過的老闆與工讀生的溝通對話比較，就能夠理解第一個範例了。第一個範例是話者送出刺激後，獲得的反應卻不如預期的對話。在這樣的情況下東邊打鼓，西邊卻拍了一下手，兩者對不上，便會有種「說不通」的感覺，導致雙方話不投機。在範例1中老闆因員工遲到而生氣，希望員工能夠認錯並反省，員工1則以成人自我狀態理性陳述遲到的原因。員工2表現出自己的不安，不假思索地將腦中所想的話講給老闆聽。這些都是不合老闆預期的反應，這樣一來，老闆很可能會回「唉唷？明知道自己多次遲到，還敢這麼理直氣壯！你以為你是誰？憑什麼這麼理直氣壯？」或是「做錯事還敢頂嘴」，而這樣的對話就可能造成衝突。

來看範例2兒子與母親的對話。這是一段兒子是成人自我狀態，母親是父母自我狀態的對話。看見母親要出門，冷靜沉穩的兒子希望母親能夠回答自己的目的地，母親卻露出不耐煩的態度責罵兒子，做出令人意外的反應。

偏離話者期待的溝通，對雙方來說都會是種痛苦。為了恢復扭曲的關係，其中一人或兩人都必須調整自我狀態。在溝通中，一旦兩人的對話沒有交集，就可能引發小小的騷動，嚴重時身心更會出現類似動物感知到威脅時的「戰鬥或逃跑反應（Fight-or-Flight Response）」。例如會大發脾氣離開現場，或是閉上嘴巴沉默不語，都是經典的戰鬥或逃跑反應。為了避免這種最糟糕的情況，至少要有其中一人理性看待狀況，努力嘗試理解、接納、包容對方。

祕密對話（隱藏溝通）

範例1

先生　老婆，我那套黑色的西裝在哪裡？・成人自我（A）

太太　在小房間的衣櫃裡。・成人自我（A）

先生（皺緊眉頭）老婆，我那套黑色的西裝在哪裡？・成人自我（A）

（內心）來幫我找到底放在哪！—父母自我（P）

太太（嘆了口氣，不耐煩地說）在小房間的衣櫃裡。・成人自我（A）

（內心）你自己不會找喔？每次都要我找！—父母自我（P）

隱藏溝通是指說出來的話跟內心反應不一致的對話方式，可以想成是在內心藏有祕密的狀態下對話的情況。乍看之下，這對夫妻的對話是以成人自我狀態進行的理想對話，但我們怎能知道他們的內心呢？那就必須要透過「語調」「動作」「姿勢」「表情」等「非語言線索」去觀察。說出口的話雖然一樣，但觀察這對夫妻的非語言，就能夠看出他們沒說出口的祕密對話。

真實就隱藏在真心內。**有時候我們雖然把話說出口，卻將真實心聲隱藏在非語言中。所以在祕密對話的情況下，我們必須透過非語言找出答案。**艾瑞克・伯恩提出「會思考的火星人（Thinking Martian）」理論，這是一群從火星來到地球觀察人類的小綠人，他們**對溝通的意義沒有刻板印象，只會觀察我們如何溝通，並關注隨之而來的行為。**讓我們把自己當成「會思考的火星人」，觀察對方的行動，找出祕密對話中的真實心聲吧。

前面我們了解了對話的三種基本類型，但我們不能斷言哪種類型的對話才好、哪種不好。**只能說聽者符合話者的預期，給出「可預測對話」的溝通，才是順暢溝通的方法。**如果想達到可預期的溝通，那最好是進行溝通對話（互補溝通）。如果你在跟某人溝通時感到不自在、不順暢，那就需要檢視一下兩人是否都沒有達到彼此的期待，處在痛苦對話（交錯溝通）的狀態下了。

如果要我給出一個對話的訣竅，那就是如果對方讓自己感到很煩躁，或是你想逃避某個特定狀況，那就刻意進行痛苦對話（交錯溝通），這樣就能夠打斷對話的節奏，盡快結束對話了。

用五種模式說話

透過以溝通分析理論為基礎的自我狀態模型，了解人的性格與行為之後，**我們接著要來了解該用五種性格中的哪個角色溝通。**接下來將介紹最常發生的三種對話模式，以及在親密關係中較常出現的兩種特殊對話模式。

1. 話者：沉著（A）↓聽者：沉著（A）

這是一種人以沉著角色說話時，也會期待對方以沉著角色對應的對話模式。這是在理性對話或解決問題時需要的對話，例如需要針對客觀事實或情報交換意見的討論者、事業夥伴、職場同事或上司等。話者與聽者如果都是沉著角色，那就能夠使對話暢通無比。但萬一聽者是個坦率角色，就可能讓話者產生「這人怎麼這麼不正經？工作可以認真一點嗎？」的想法，使對話的方向偏離正軌。所以如果話者以沉著角色說話，那我們就以沉著角色回應吧。

2. 話者：坦率（FC）↓聽者：包容（NP）

這是一個人以坦率角色說話，並期待對方以包容角色說話的對話模式。如果以憤怒角色給予懲罰，或是以沉著角色冷淡應對的話，對話便無法順利進行下去。話者會坦率地表達情緒，就是希望聽者能理解或提供協助。所以話者以坦率角色說話時，聽者只要以包容角色同理話者就好。

3. 話者：憤怒（CP）↓聽者：順應（AC）

這是一個人以憤怒角色說話，並期待對方以順應角色回應的對話模式。話者以控制、懲罰他人的語言和態度說話，所以聽者必須順從，對話才能順利進行下去。聽者若以沉著角色，採取講究事實的理性態度，那話者很可能更生氣地想「你懂什麼！給我閉嘴！」所以當話者以憤怒角色說話時，必須先以順應角色接納他的怒氣，這樣對話才能繼續。

我曾遇過一名諮詢者，該如何與上司溝通的問題讓他很困擾。他主要負責海外業務，在與國外溝通時，使用英文說話時雙方都是平等的，但韓文當中有許多敬語和尊稱，所以用韓文討論時他反而會說不出話來。韓國的人際關係受到儒教文化根深蒂固的影響，十分講究長幼有序、上命下從，總是更尊敬年紀或地位較高的人。所以如果看到會大聲說「你幾歲啦！」「唉唷？你懂什麼？」「照我說的做！」的人，只需要告訴自己，這個人的自我狀態是憤怒角色就好。面對會採用命令、指示他人等權威溝通方式的憤怒角色上司，只需要化身成順應角色，聽從他的指示並好好配合。

在這種情況下，如果以坦率角色溝通，反而會把問題弄得更大，並使狀況更加惡化。跟在乎長幼有序的人溝通時，一開始必須採取順從的態度，擺出低姿態，對方才會覺得自己受到尊重，進一步開啟對話的可能性。雖然現在權威型的上司比以前少很多，但由於工作壓力過重，職級越高的人，其控制型父母的特性便可能越強。

過去與他人都是無法改變的。唯一能改變的，只有我們自己而已。如果你是話者，那就必須配合當下面對的狀況與對方的自我狀態，以合適的方式說話；如果你是聽者，則必須察覺對方的自我狀態，以適當的方式應對。只要能夠完全熟悉這兩種應對方式，

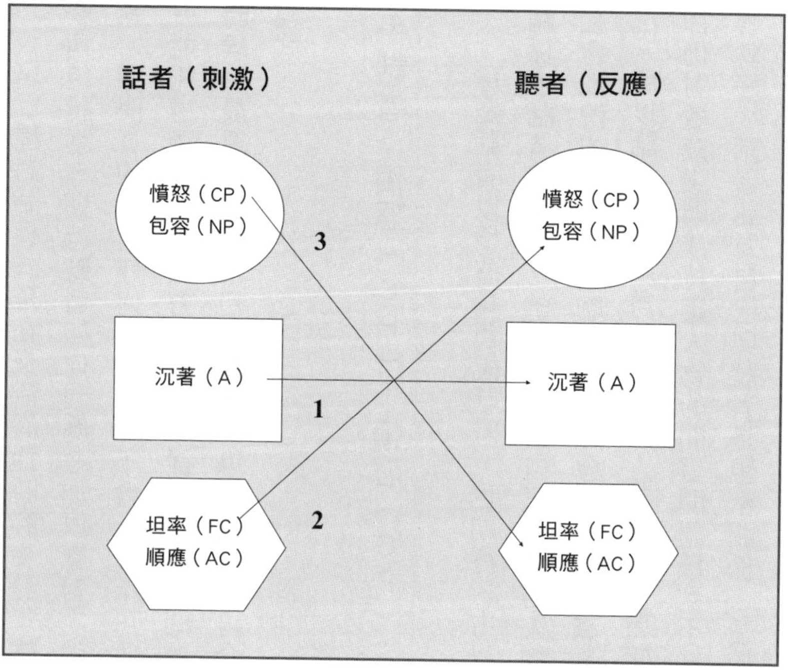

容易發生的三種對話模式

即使在人際關係中遭遇狂風暴雨，你也能不為所動。

我經歷過無數次的失敗，最後接觸到溝通分析，並在改變自己的過程中明白「只要改變自己，對方也會改變」。這是真的。以前我總想以我的標準改變別人，對方要是不改變，我便會責怪對方，這更曾經使我氣憤不已。現在我明白了，我需要改變的只有我自己和我的未來而已。把所有的關注和努力都集中在自己身上，只要先改變自己，就會發現他人受到你的影響漸漸跟著改變。

這三種對話模式是在交流溝通時容易發生的交流類型。如果能夠提前掌握話者以什麼角色說話、期待聽者如何回應並加以應對，就能夠防止人際關係中大多數的衝突與爭執。即使真的發生任何衝突，也不會一發不可收拾。只要在觸發衝突的瞬間好好應對，就能夠透過以下幾種方式協調，從根本解決問題。**所以希望各位能夠記住，溝通交流的時候，最重要的就是初期對應。**以下我們要再介紹兩種發生在親密關係之間的特殊交流模式。

4. 話者：憤怒（CP）↓憤怒（CP）

這是話者以憤怒角色說話時，也期待對方以憤怒角色回應的對話模式。越是親密的關係，話者就越會希望對方能對自己批評的人物或狀況表示同意、感同身受。例如討論社會現況或政治的閒聊、針對社會問題的不滿、說厭惡對象的閒話等等，都屬於這個情況。**所以話者以憤怒角色說話時，聽者就以憤怒角色回應吧。**只是即便兩人是親密關係，卻仍對敏感議題或特定人物的閒言閒語感到不舒服的話，那只需要適度附和話者說的內容就好。話者認為自己與聽者是親密關係，基於信賴將內心話說給對方聽，渴望尋求聽者的安慰與理解，所以聽者最好用包容心應對。但過度的閒言閒語可能會減損自己的人格並製造過多的負面能量，建議還是盡可能避免。

5. 話者：坦率（FC）↓坦率（FC）

這是話者以坦率角色說話時，期待聽者也以坦率角色說話的對話模式。在親密關係中，雙方通常會比較不拘小節。會互開幼稚的玩笑、互相捉弄彼此，配合彼此的高度愉快地交流。即使是開玩笑，對方也不會太在意。這是一種有較多笑容、玩笑與愛意表現，常出現在情侶、夫妻、家人、學生時期的朋友等特殊關係之間的對話模式。**所以話者以坦率角色說話時，就配合對方的高度，以坦率角色回應吧。**

例如週末時，孩子走向躺在沙發上的爸爸，把爸爸當成一起遊玩的對象。孩子手上拿著玩具槍，對著爸爸大喊「別動！再動我要開槍了！」孩子的爸爸則說「走開！嘟嘟嘟嘟嘟！」快速躲開並假裝開槍。孩子想跟爸爸一起玩，並以坦率角色展開這齣行動劇，爸爸配合孩子的高度，同樣拿出自己的童心，以坦率角色投入這齣行動劇。這一類的情況就像情侶之間會玩起「來抓我～」這種遊戲，情侶之間會維持一定的距離，在愉快的氛圍下開始你追我跑。若在親密關係中能夠形成這樣的交流，親密感便會大幅提升。

韓國人常用「Chemi」來形容人際的和諧與往來的默契，這個詞源自化學效應的英文「Chemistry」。在連續劇或電影裡主角們非常有火花，戲外也很有默契的時候，我們就會說「有很好的化學效應」。如果能夠提前掌握話者用什麼角色說話，了解他們希望聽者以什麼角色反應，那應對起來就會輕鬆許多。所以我將能發揮最佳化學效應的角色組合整理在下面。

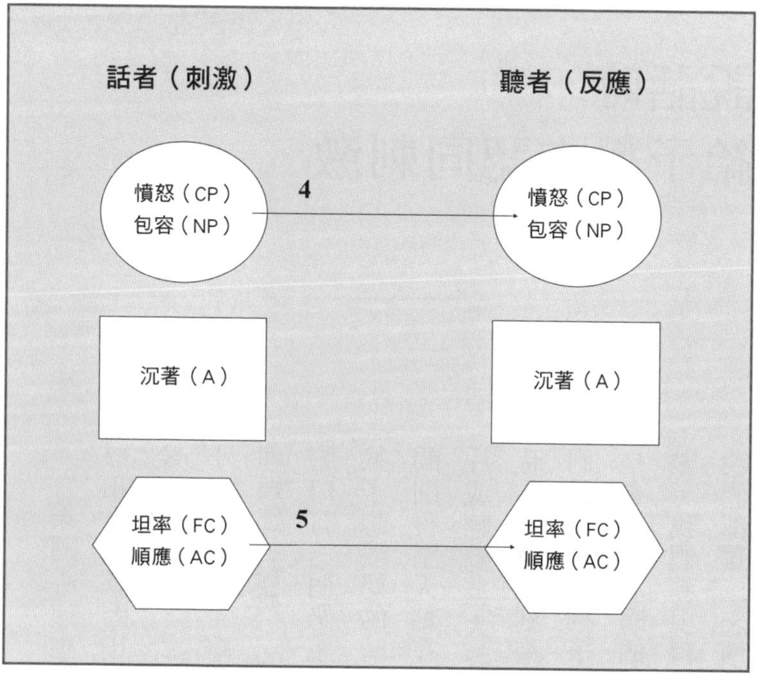

親密關係中發生的特殊對話模式

話者（刺激）	聽者（反應）
沉著	沉著
坦率	包容／坦率
憤怒	順應
包容	包容／坦率
順應	包容

說話時
給予對方認同刺激

美國心理學教授哈里・哈洛（Harry Harlow），曾以和人類基因相似度高達百分之九十四的紅毛猩猩為對象，進行愛、依戀與母愛的心理研究。哈洛將剛出生的小紅毛猩猩帶離母親身邊，讓小紅毛猩猩待在一個有代理媽媽（玩偶）的籠舍裡。其中一個玩偶是以鐵絲製成，胸口有一個奶瓶，另一個玩偶則是沒有奶瓶的布偶。小猴子想喝奶的時候，就會待在鐵絲玩偶身旁，剩下的時間則會整天黏在布玩偶旁邊。尤其小猴子看到天敵的照片或聽到巨大聲響，感覺自己面臨極端的恐懼與威脅時，就會立刻跑去抱住柔軟溫暖的布偶媽媽。實驗讓我們看見，小猴子不會把有奶喝的鐵絲玩偶當成媽媽，而是會透過溫暖的接觸建立起對母親的依戀。透過這項實驗，我們發現精神上的飢餓比生理上的飢餓更加重要。

我們都難以忘懷曾經給過自己溫暖的愛、讓自己感受到濃厚人情味的對象。帶著溫暖的笑容，拍著背安慰我們的存在與回憶，就會成為帶給我們慰藉的力量。

在溝通分析中，滿足人類心理需求的行為稱為「撫慰（Stroke）」。這是一種用「存在的最小單位（A Unit of Recognition）」，來定義「存在認同刺激（存在認同）」的方式。想獲得他人認同的欲望，稱為「認同的渴望（Recognition-Hunger）」。在撫慰過程中發生的「刺激認同」或「認同渴望」會使人成長，也使人體會失敗。因此撫慰可以扮演誘發動機，強化一個人行為的重要角色。這也是為什麼我們在與人溝通時，必須給予他人認同刺激的原因。

撫慰可以分類成六種：「語言撫慰」「非語言撫慰」「正面撫慰」「負面撫慰」「條件撫慰」與「無條件撫慰」。若能在適當的情況下熟練地使用合適的撫慰方法，就能創造出良好的工作成果與人際關係。

語言撫慰與非語言撫慰

Ｋ完成重要的報告後回到辦公室，他覺得自己發揮得非常好，所以心情很不錯。回到辦公室後他向組長報告，組長稱讚他「這些時間加班做了很多準備，辛苦你了！我很期待你的表現～真不愧是Ｋ！」組長拍拍他的肩，慰勞他這段時間的付出，讓他感覺準備報告期間受的那些苦都一掃而空。

條件撫慰與無條件撫慰

大女兒敬熙已經準備就業好幾個月，終於進入大企業任職。到人人稱羨的大企業上班的第一天，媽媽對準備出門的女兒說「妳這麼優秀，進到大企業工作，媽媽真的很開心。今天晚上看妳想吃什麼，媽媽都做給妳吃～」敬熙走出家門，卻突然想起媽媽小時候曾對自己說過的話。「敬熙真的讓媽媽感到好幸福～妳是我們家的寶貝～」

正面撫慰與負面撫慰

老公打電話跟我說，他在下班路上買了我喜歡的零食。我說「謝謝你，你真的好貼心～

等等回家見嘍～」接著我下班回到家，發現老公衣服隨便一脫也沒翻面就丟進洗衣機，突然感到很生氣。最後我對老公翻了個白眼說「我真的要被你弄到累死，脫衣服時順手翻個面再放進洗衣機會少一塊肉嗎？」

組長稱讚 K 帶給 K 一種間接的認同刺激，這是一種語言上的撫慰，而擁抱、拍肩等直接的身體接觸，則是非語言撫慰。

媽媽對敬熙的稱讚當中，加入了順利就業、進入大企業等特定條件，所以是條件撫慰。但說「有敬熙在讓媽媽感覺很幸福」等，認同敬熙這個存在，則是無條件撫慰。

正面、負面撫慰則可以同時是語言、非語言撫慰和條件、無條件撫慰。如果跟前面說的正面撫慰情況相反，把稱讚與肯定換成斥責與忽視，那就是語言的負面撫慰；用手指指著對方或動手捏打他人，則是非語言的負面撫慰。「考試期間一定要讀書！」這種替特定行為加入條件的情況，則是條件的負面撫慰；「不需要你這種人存在！」等不認同對方存在的發言，則是無條件的負面撫慰。用一句話讓對方感到心情好是正面撫慰，若讓對方心情不好，則是負面撫慰。

撫慰	語言的	非語言的	條件的	無條件的
認同刺激	間接的、語言的	直接的、身體的	行為、態度	存在、人格
正面的	稱讚、表揚、鼓勵、安慰	擁抱等安撫、撫慰	謝謝你幫我做（特定行為）、開心、你把事情處理得很好	因為有（對象）、多虧了你、謝謝你、好幸福、你現在這樣就好
負面的	責備、批評、責難、指責	說話時用手指著對方、動手打人、捏人	不能做（特定行為）、很壞、完蛋了、錯了、不喜歡你的穿衣風格	因為有（對象）、~害我累死了、好累、你這種人沒有也罷、我討厭你

正面撫慰通常能讓對方感到開心，但對某些人來說，正面撫慰的指數如果不符合自己的偏好，那他們就會忽視這些撫慰，或對撫慰感到厭煩。這樣的撫慰稱為「漠視（Discount）」或「過濾（Filter Out）」。漠視撫慰常見的方法有嗤笑或是不多做評論笑著帶過。

我曾遇過一位被別人所說的話傷害，因而害怕說話的人。仔細聽她描述自己的情況，發現她因為外表出眾而受眾人關注，一次她稱讚一名職場前輩「好漂亮」，卻反被前輩語帶諷刺地提醒「別說場面話」。自從那次經驗之後，她跟人說話就變得小心翼翼。她所發送出的語言撫慰被前輩漠視，這是一種撫慰過濾網（Stroke Filter），人會藉此選擇性接受或漠視撫慰，**沒有打開撫慰過濾網的人，在人際關係中較容易感覺憂鬱或遭到孤立**。所以我們需要好好進行接受、給予撫慰的練習。

歌手永卓在韓國朝鮮電視台播放的《演歌先生》這檔選秀節目得到亞軍，他就是給予許多正面撫慰的代表人物。躋身次世代演歌之星的他，個性開朗且言談幽默，歌迷年齡層分布極廣。他所演出的節目都能找到許多正面撫慰的例子，其中《演歌先生》的一個場景令我印象尤為深刻。

當時永卓在一對一生死決鬥中獲得了「真」，並得到在「真決戰」中，可以優先選擇隊員的機會。但他所選擇的隊員，全部都是敗部復活的選手，這是個令所有評審與參加者意外的決定。主持人詢問他做出這個決定的原因，他說「他們的表現讓人幾乎忘了他們曾經被淘汰過，所以我選了我認為最優秀的朋友」。不僅及時救回在比賽中被淘汰而灰心沮喪的參賽者，更在言語上撫慰了對方，也更讓人想去相信他。他一一擁抱這些重獲機會的成員，並摸摸他們的頭，提供了非語言的正面撫慰。由於這是在公開的電視節目上所發生的事件，看見這個場景的人，也都紛紛被感動。

他的撫慰還延續到下一階段的比賽。永卓將下一階段的表演機會讓給其他成員，獲得永卓加油與支持的那名成員，則拿下了該階段比賽的最高分。表演結束後，他立刻擁抱那名演出者，甚至還假裝要親他的臉頰。此外，他還摸了摸演出者的耳朵再拍拍屁股，毫不吝嗇地給予非語言的正面撫慰。正面的撫慰能夠使夥伴成長，這也大大凸顯了永卓優秀的領導風範。

成功領導者的共通點，就是會給予許多正面撫慰。二〇〇二年韓日世界盃時，朴智星選手進球之後，總教練希丁克便立刻跑過去抱住他，那個畫面仍然清楚地留在當時許多觀眾的腦海中。當時希丁克教練緊緊抱住他並恭喜他。後來大家才知道，希丁克教練平時就經常用「我相信你」「你做得到」等正面撫慰的言語來鼓勵他。

二〇二〇年東京奧運韓國女排主將金軟景選手的正面撫慰，也令我印象深刻。金軟景是被評價為「每十億人中才會出一人」的世界頂級選手，二〇二〇年的東京奧運他擔任女排隊長，在與日本的對戰中驚險地逆轉勝，並且打敗世界排名第四的土耳其，帶領韓國女排打進四強。她在全球關注的壓力下，仍完美地扮演教練團與選手之間的溝通橋梁，比賽中也不停以「加油」「打一場沒有後悔的比賽」「衝啊」「笑一個」等方式鼓勵隊友，也會跟隊友擊掌、擁抱，讓團隊的氣氛更加融洽。

還記得小時候爸媽或老師給的獎勵貼紙，或是在我們表現好時會給一個「做得真好」章嗎？級任導師給的這個章讓我們更有動力，使我們更想要有好表現。撫慰就像人生的「好寶寶」章，有時能讓我們感覺自己的存在獲得認同，有時卻也能讓這種感覺被剝奪。試著回想一下自己過去獲得了多少撫慰，也可以試著向理想的對象索求撫慰。托馬斯・哈里斯曾說「沒有撫慰等同於心理上的死亡」，這代表撫慰擁有拯救一個人、感動人心的力量。

溝通的第三步

撫慰（Stroke）診斷

填寫本表時應反映個人當下的情況，不要以個人理想的狀況為主。

閱讀以下 A ～ E 的問題，符合自身行為的敘述給 2 分，感覺不出屬於哪一邊的給 1 分，不符合的敘述給 0 分。

A

1. 通常是你主動邀請朋友出去喝茶或聚餐。______分
2. 回家後在家人主動打招呼之前，自己就會先打招呼。______分
3. 會過度想幫助面臨困境的人，經常被家人朋友說「別多管閒事」。______分
4. 在職場或家庭中，都能夠直接了當地感謝別人的辛勞。______分
5. 會記得家人生日或結婚紀念日，也會主動祝賀對方。______分

B

1. 在會議或閒聊時，都會指出他人的缺點。______分
2. 比起稱讚，更常責備職場後輩或下屬，或給予嚴厲的忠告。______分
3. 家人不依自己的想法行動時便會當場批評。______分
4. 餐廳服務不好時，會當場吐露不滿。______分
5. 看見有人插隊或在禁菸場所抽菸，會立刻提醒。______分

C

1. 回家時在說「我回來了」之前，會先有家人問「你現在才回來啊？」「這時間才回來啊？」______分
2. 比較常被工作上的合作夥伴（顧客、廠商、其他部門等）感謝或安慰。______分
3. 無論事情有沒有完成，都有前輩會認可你過程中的努力並給予鼓勵。______分
4. 在外面或在家中，都經常有人對你付出的辛苦表示感謝或慰勞。______分
5. 面對非常困難的問題時，有值得信賴的商量對象。______分

D

1. 工作上遭遇小小失敗或未達目標時，會被訓斥或感覺承受壓力。______分
2. 過去半年在職場上曾經感覺自己不是因為自己的問題被罵。______分
3. 家中有比較神經質的人，雖然沒有惡意，但對方總會批評或責罵你。______分
4. 上司或是職場前輩中有非常嚴格的人，而這件事最近讓你過得很痛苦。______分
5. 經常覺得跟別人家相比，自己家的人對彼此太嚴苛。______分

E

1. 放假時獨處一整天也不覺得痛苦，反而會覺得跟朋友見面很有壓力。
   ______分
2. 走在路上遇到認識的人，曾經因為覺得打招呼很麻煩而繞路。
   ______分
3. 跟別人聊天時經常短暫因為其他事情分心，必須要對方講第二次才會回過神來。______分
4. 上班時因為有事而必須自己吃午餐，會讓你覺得獲得解放。
   ______分
5. 因為無法避免的事情而必須缺席公司聚餐、以聯絡感情為目的的聚會時，反而會覺得太好了。 ______分

將A-E每一類的分數分別加總後畫成長條圖。

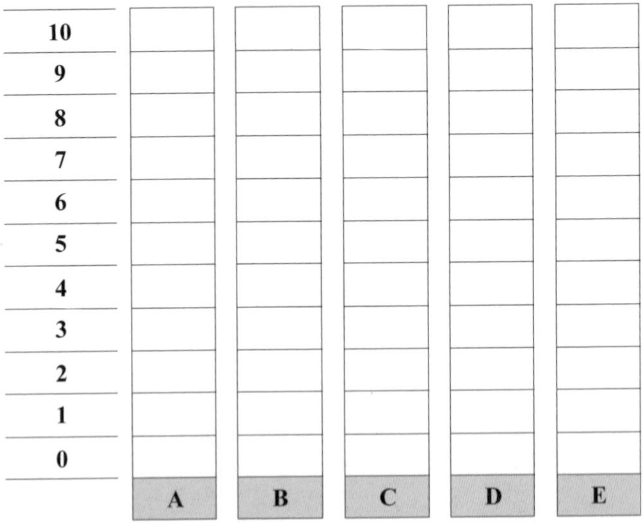

撫慰不是一個人單方面付出，而是一種雙向的行為。你可以透過這個圖表，來確認你付出、獲得的撫慰量。A是給予正面撫慰的程度，B是給予負面撫慰的程度，C是獲得正面撫慰的程度，D是獲得負面撫慰的程度，E則是無撫慰（沒有給予也沒有獲得）的程度。

A：給予正面撫慰的程度

如果A是7至8分的話，就表示你給予對方足夠的正面撫慰。如果低於5分，就表示你不太給予撫慰，如果A是10分但C分數偏低，則表示你給予正面撫慰的量較多，這可能會使你埋怨對方或對給予撫慰這件事感到疲憊。你也需要好好地向對方尋求撫慰。

B：給予負面撫慰的程度

如果B高於3分，就表示你給予對方太多的負面撫慰。在這種情況下，你會不知不覺間樹敵無數，也會影響到人際關係，建議你必須檢視自己平時會使用哪些負面撫慰，並減少負面撫慰的量。

C：獲得正面撫慰的程度

如果C是7至8分，就表示你獲得足夠的正面撫慰。如果C是10分，那你就得想想，自己是否無條件將對方的心意解釋成正面撫慰了。或者也有可能你身邊的人都很正面、對你很好，但反而沒有能直接了當給予意見的人。如果能跟其他項目達到平衡，就不會有什麼，但如果沒有平衡，那你可能就要思考一下前面提到的那兩種可能性了。

D：獲得負面撫慰的程度

如果D低於3分，表示你獲得的負面撫慰程度適中。人不可能被所有人喜歡，適當的負面撫慰有助於成長，所以低於3分沒有關係。但如果超過

5分的話，你就要想想自己是否以過度悲觀、過度負面的態度，來看待對方或所有情況。如果身邊有很多吸取你精力的吸血鬼，那你可能就需要切斷關係，或是鄭重地要求對方給予正面撫慰。

E：無撫慰的程度

E是不給予也不獲得撫慰，也就是不會與他人互相撫慰的意思。2至3分的程度算是適中，但如果高到10分，那就是你過度沉浸在自己的世界裡，過著與外界隔絕的人生，必須要努力跟人交流了。相反地，如果是0分的話，就表示你太過向外開放，沒有自己的時間與空間，很容易被人影響、受外界環境動搖。你應該要進行自我撫慰（Self-Stroking），讓自己能適度擁有獨立的時間與空間，讓自己能夠穩定下來。

現在我們明白自己在生活中給予、獲得多少撫慰。美國北卡羅來納大學心理學教授芭芭拉・佛列德里克森（Barbara L. Fredrickson）和馬歇爾・羅沙達（Marcial Losada）研究團隊，曾經訪問了六十多間企業錄製他們的會議，並分析會議上所用的詞彙。研究結果顯示，區分成長與退步的關鍵正向性比率（Critical Positive Ratio）是二點九比一。一個成功的組織所做出的正向發言（稱讚），是負向發言（批評）的三倍；而能創造高成果的組織，正向發言則是負向的六倍之多。但請多加注意，關鍵正向性比例一旦超過十一比一，反而會使成果變差。華盛頓大學的約翰・高特曼博士證實，這項研究也適用於夫妻之間。他曾經分析夫妻週末的對話，發現正向發言與負向發言的比例如果低於二點九比一，那兩人最後就會離婚。此外，在甜蜜穩定的婚姻生活當中，正向與負向發言的理想比例是五比一。意思是說，每批評對方一次，就需要五次的正向言語和行動來中和。從這些研究中我們能看出，人際關係與溝通幾乎等同於撫慰的交換。尤其人們渴望獲得正面撫慰，所以盡可能多給正面撫慰，少給負面撫慰，才是溝通問題的最佳解決之道。

Part 4

幫助關係改變的實戰溝通法

在日常生活、職場中經常溝通

「要怎麼做才能在日常生活中培養溝通能力？」舉辦線上講座時，準備好的課程內容結束後，總會有提問環節讓聽眾自由提問。有一次我便遇到聽眾提出這個問題。近來為了把話說好、讓溝通更順暢，開始有越來越多人會找相關書籍來讀，或參與類似的講座。更積極的人還會嘗試努力在生活中培養自己的溝通能力。我很喜歡「滴水穿石」這個成語，水之所以能夠穿透石頭，並不在於「水的力量」，而是「敲打石頭的次數」。這表示雖然很微小，但只要持續努力，就能成就大事的意思。人生中的每一刻，我們都在與他人溝通，所以若能在日常生活中持續努力，這些小小的嘗試累積起來，就能為人際關係帶來巨大的改變。

那麼日常生活中培養溝通能力的方法究竟有哪些呢？**我們說話的基本目的，就是有效與他人溝通並建立**

良好的關係。想達到這個目的，最好的方法就是分享好經驗。在特別的日子舉辦驚喜活動、贈送昂貴的禮物，都只有一次性的短暫效果。雖然在當下很有效，卻無法持久，而且會消耗大量的精力與金錢。**與其這麼做，不如直接碰面，分享能讓彼此感到愉快的好經驗。**

有些人會由於複雜的因素，無法在紀念日、特別的日子或是想轉換一下心情的假日，跟家人朋友一起出去玩，這也令他們感到惋惜。會有這樣的心情，是因為人們渴望面對面接觸。所以即使沒有規劃什麼驚喜活動，短暫碰個面喝杯茶，仍然是很好的選擇。到公園散步、慢跑、去看看展覽或電影、探訪美食餐廳、玩遊戲、購物等，什麼都可以。

只是這裡需要注意一件事，**那就是做「物理性行為」的同時，「感覺到的情緒」也必須能讓彼此開心。**尤其雙方都是自由型兒童（FC）的時候，會開一些不拘小節的玩笑、以正面的態度交流，更能使人感到愉快。**話者若以坦率角色說話，那就配合對方的高度，以坦率角色回應吧。**這樣一來對方就會覺得跟你見面非常愉快，甚至不想結束。所以務必記得，經驗必須是「物理的行為」伴隨著「感受到的情緒」。

即使自己認為這是一次很好的經驗，那也有可能是個錯覺，因為對方有可能感覺雙方的相處很勉強。外表看似是相同的物理行為，但各自內心感受到的情緒卻截然不同，這會使雙方對這段經驗有不同的感受，所以最重要的是找出雙方都能享受的體驗並一起沉浸其中。

受新冠肺炎疫情影響必須保持社交距離時，「透過視訊看見彼此的臉」，可說是一種新形式的會面。我在年終的時候，也透過網路跟朋友一起辦了個送年會。雖然只是視訊，但我們各自準備了啤酒和下酒菜，在愉快的送年會氣氛下聊了很久。朋友的寵物狗突然衝進畫面裡，讓大家爆笑出聲，我們也打開話匣子聊起過去的回憶，以直率角色的模式溝通。透過視訊，我得以跟因為生產和育兒而許久未見的朋友、短暫到海外居住的朋友、住在外縣市的朋友見面。

在公司也是。主管總會煩惱該如何跟下屬溝通。萬一下屬的失誤造成公司莫大的損失，就必須訓斥下屬。在這種情況下，下屬會覺得跟上司相處起來很辛苦，工作效率也可能無法提升。這時，上司就必須與下屬來一段真摯的對話，讓下屬對工作的熱情、對公司的愛不要熄滅，也能夠恢復彼此的關係。《現在的組長都這樣工作》一書的作者白鐘和（音譯）曾經建議，和下屬輕鬆對話的最佳方法，就是一起喝茶或吃午餐。這時最好挑下屬愛吃的食物，而且絕對不要聊「工作」的事。⑩

就像前面說的，雖然做相同的「物理行為」，但若當下雙方感受到的情緒不同，這就不會是一段好經驗。上司對下屬表示關心並給予鼓勵，雖然能讓上司自己感到滿足，卻會讓下屬有種消化不良的不適感，進而造成反效果。

有些人的家住得比較遠，或是有些狀況不允許雙方會面，這時候可以透過電話聯繫。只要一通電話，就能在日常生活中交流、分享彼此的感受。簡訊或通訊軟體雖然方便，但「聲音」能承載「文字」無法充分表達的情緒，交流起來會更具人性。

美國耶魯大學曾經做過一個有趣的實驗。研究團隊為了調查大腦對聲音的性別有什麼反應，便讓受試者分別聽取男性與女性的聲音，再觀察他們的大腦活動狀態。研究結果顯示，聽見男性聲音時，語言中樞所在且主要負責邏輯思考的左腦會開始活躍；而聽見女性聲音時，除了左腦之外，感性中樞所在的右腦也會跟著活躍。耳鼻喉科專醫金興泰（音譯）院長曾說「這種結果並非生物學上的差異，而是源自情感上的因素。這證明聲音能夠刺激感性，並使人產生好感。」[11]

人類自幼兒期便持續聆聽、感受父母的聲音，並與父母分享情緒。接著更會透過聲音掌握人們的心理、精神、情緒狀態。所以如果在無法直接見面的情況下，也沒有透過

⑩《現在的組長都這樣工作》（白鐘和著）

⑪ 摘自韓國文章〈既是靈丹也是毒藥的人類聲音〉

電話溝通，那雙方的關係就只能漸行漸遠。就算沒有什麼特別的事，只是簡單問候一下彼此也沒關係。為了特定的事情才打電話聯絡，反而會讓人覺得目的性太明確，讓對方失去聊天的興致。就算沒特別的事，也因為想到對方、想問候對方而打電話聯絡，當然會令人感動不已。

在日常生活中加強溝通能力的最佳方法有兩個：一是「實際見面並共同享有良好體驗」，二是「透過電話用聲音跟對方溝通」。想想最近自己見了哪些人、跟誰通了電話吧。你跟經常見面並建立美好回憶的人、在電話中能夠愉快對話的人關係會更好，也會更感到親切、信任對方。一般來說，個性比較內向的人、面對面交流次數較少的人、討厭說話或是沉默寡言的人，在溝通上都會比較困難一點。所以如果覺得面對面或透過電話溝通有困難，那就經由簡訊、電子郵件、通訊軟體或社群平台等方式，積極嘗試非接觸式的溝通吧。

溝通良好、人際關係融洽、擅於做買賣的人都有什麼共通點呢？**答案就是會製造與對方見面的機會**。即使沒有理由見面，也會刻意撥出時間跟對方碰面。如果是無法碰面的狀況，則會經常打電話聯絡。他們生活中經常會出現類似「我今天有約來到江南，我們之前不是在附近吃過飯嗎？我突然想起這件事，所以才打電話給你～」「我昨天夢到你，可能是我想你了吧。你最近好嗎？沒什麼事吧？」這樣的對話。我認識一名公司代表J，他個性活潑且人際關係融洽，每次路過我經營的教育學院，都一定會打電話問候我說「代表，您最近過得好嗎？我來梨水站附近辦事，剛好想起您，就打了通電話給您～有空的話一起喝杯茶吧。」有些人或許會覺得這樣太誇張，但每次都會想起我並特地撥電話來，真的讓我覺得很感激。即使沒有碰面的理由，仍「刻意」撥時間出來製造碰面的機會；即使無法碰面，仍「欣然」打電話問候對方，雖然看似是些小事，實際上卻是困難又麻煩的事。很多人在約朋友碰面、跟朋友聯絡的事情上總是一天拖過一天，這很容易導致彼此的關係漸行漸遠。我想提醒各位，擅於溝通的人與人際關係融洽的人，都會在日常生活中持續付出這樣的努力。

同樣的話
也要說得好聽

有時候同樣一句話，某些人說起來就是特別好聽。「好聽」的話，就表示「會顧慮到聽者的心情」。這樣的人不會一股腦兒地說出自己想說的話、傾訴自己的情緒，而是會把重點擺在與對方交流。觀察這一類人並研究他們說話的方式，就能找出三個共通點。

第一，好聽的話是給予對方認同的話。認同對方的存在，並認同對方與自己不同。認同對方與自己不同，表示接受即使在相同的情況下，每個人都有可能做出截然不同的反應。這時候有一些方法，能夠讓我們在不指責對方有錯、不否定對方存在的前提下，說出自己的觀點（想法與意見）。丹麥心理學家伊麗絲・桑德（Ilse Sand）便建議，說話時盡量以「我覺得」「在我看來」「我的觀點是」等方式開頭，以表達自己認同對方並盡量接受對方觀點的立場。例如以「我覺得你好像生氣了」取代「你那時生了很大的氣」，或改口說「在我看來，你好像經常頭痛」，而不是「你好像常常說你頭痛」等等。[12]

第二，說出梳理情緒的話。不要以自己的感受為優先，而是要先察覺、讀懂對方的**情緒。不要將自己的情緒與想法混為一談，專注在對方的情緒上，發揮移情作用就稱為「同理（Empathy）」**。第四次工業革命時代與AI人工智慧的社會到來，人們對機械無法取代的人性，尤其是對同理這一點的關注逐漸擴大。

MBC曾經播出一檔很受歡迎的連續劇《茶母》，這部戲在二〇〇三年時創下百分之二十四的收視率，其中主角允（李瑞鎮飾演）就曾經對彩玉（河智苑）說過「妳會痛嗎？我也會痛。」這句台詞完美呈現了人類的同理心，表達出人們在看見心愛之人受苦時，同樣會感到痛苦。看見悲傷的人會跟著悲傷、看見高興的人心情也會跟著變好，那都是因為我們的腦中有著鏡像神經元（Mirror Neuron），能夠對他人的行為感同身受。[13]神經心理學家柯爾（J. Cole）曾經證實，越是不會模仿他人表情的人，就越無法讀懂他人的情緒。在理解他人的情緒上，鏡像神經元扮演非常重要的角色，觀察對方的行為和表情，並透過鏡像神經

⑫《我們為何變成這樣》（伊麗絲・桑德著）
⑬《跨越腦科學的境界》（神經人文學研究會著）

元模仿出來之後，訊號便會被傳送到島葉與邊緣系統，讓我們讀懂他人的情緒。缺乏同理心的人，很容易說出例如「不是只有你一個人痛苦」「為什麼要這麼小題大作」「還真是玻璃心」這類的話。而能夠同理他人的人，則經常有「你很辛苦吧」「你很難過吧」「這該有多難受呢」「真的好開心」等，與他人情緒共鳴的發言。同理心較佳的人，自然也更容易讓人敞開心胸、好好溝通。

美國經濟學家兼未來學家傑瑞米・里夫金（Jeremy Rifkin）在《同感時代》一書中就曾說過，人類支配世界是由於人類擁有自然界中最優秀的同理心。⑭我們將這樣的人類稱為同感人（Homo Empathicus）。同理心才是人類的本能，讓人類能與他人交流，並展現其適合生存下去的社會存在感。

第三，說正向的話。即使在同樣的情況下，這些人也會先從好的層面、優點、積極正面的角度分析思考，並用正向的語言把想法說出來。正向的話能把對方的情緒和態度導往更好的方向。以前MBC電視台曾經播過一檔綜藝節目叫做《我的小電視》，節目內容是邀請明星藝人進行網路直播，與觀眾即時聊天。一名美髮師「車紅」曾經去上那個節目，她在節目上跟大家分享一般人在家也能輕鬆完成的髮型，受到觀眾的好評，觀眾都說美髮師車紅很會講話。當時我也收看了那個節目，她真的很懂得如何說出讓對方聽了很舒服的話，讓身為觀眾的我都覺得心情好了起來。

她說的話曾經引起很大的討論。一次她在介紹美髮知識時，邀請工作人員來當模特兒。那名男性工作人員說因為自己的長相太可怕，所以人們都不太會主動跟他攀談。另外還有一名男性演出者說，人們都說他長得像山賊，讓他有點難過。如果是你，會怎麼回應這兩個人呢？上課時我舉出這個例子，學生們紛紛回答說「你先主動跟對方攀談吧」、「你笑一個吧」。那車紅是怎麼說的呢？「可能對方覺得這樣看你就好了，所以才沒跟你說話」。一開始我還不明白這句話的意思，心想「她這樣回答是認真的嗎？」後來才意識到她這話的意思，也驚嘆她真的很會說話。長相凶狠是那個人天生的模樣，雖然能夠透過美容或手術調整得更柔和，但那依然是他最原本的樣子。前面觀眾的回答，大部分都是要這名男性改變自己。**但車紅的話卻是認同這個人本身的模樣，並以正面的方式鼓勵對方**。

⑭《同感時代》（傑瑞米・里夫金著）

當我問學生如何給這兩位工作人員建議，大多數人都回答「試著把鬍子刮掉怎麼樣？」「減個肥吧~這樣應該會變帥喔~」比起認同他原本的樣子，更像是建議他往更好的方向改變。那車紅是怎麼回答的呢？她對這個人說「這樣很棒，超有魅力~」車紅是位手藝很好的髮型師，她能夠大大地改造這兩個人。她大可以用專家的立場，告訴兩人說「你的臉型不太適合現在的髮型，配合五官改變髮型會更好看~」但她沒有這麼做，而是認同了來賓原本的模樣，並說出讓對方聽了會開心的話。

另一個擅長說出正向語言的人，就是號稱韓國最優秀的指導師郭東根所長。積極正面的提問方式，是他在上課時經常使用的技巧之一。一般人問問題通常會同時使用正向與負向兩個選擇，例如「各位覺得人生中笑口常開是好還是不好呢？」而郭所長卻會說「各位，人生中笑口常開是好事還是超級好事呢？」「幸福的人是懂得感激他人的人嗎？還是懂得經常感激他人的人呢？」這是一種正向加正向的提問方式，能夠讓聽者聽了更加愉快。我們在問候別人時，如果能加入一些修飾用的形容詞，就能讓對方心情變好。例如家人打電話來的時候不要只是「喂」一聲就接起來，可以試著改用「我敬愛的爸爸！」「不計生下我時有多麼辛苦，依然日夜為我操心的媽媽」「哎呀，我知道我親愛的妹妹只是不願意去做，願意的話肯定會變成超有名的模特兒！」「很會吃、很有福的乖女兒～」[15]等方式來跟家人寒暄。有些人可能會覺得這樣說話太誇張，一開始也會有點不習慣這種做法，但多加一句話就能讓人心情變好、更有力量，何樂而不為呢？除了家人之外，我們也可以準備不同的正向形容詞來面對職場同事或朋友。以後就試著在跟別人碰面、打電話、傳簡訊或寫電子郵件的時候，用這種方式問候吧。

這種把同樣一句話說得更好聽的行為，就是顧及對方的心情，也是在養育型父母（NP）以寬大的心對待他人時才能做到的事。小說家馬克・吐溫（Mark Twain）曾說「光聽到一句美好的稱讚，就能讓我開心兩個月。」把同樣一句稱讚的話說得更好聽，絕對不是做作或奉承。認同、安撫情緒、正面積極的話，都是與對方分享自己的內心，也是讓自己所屬的組織與世界，可以變得更美麗、更富足。

---

⑮《耀眼的你是能量之星》（郭東根著）

道歉
要真誠

二〇一四年十二月，一起名叫「堅果返航」的事件震驚全韓國。當時前大韓航空副社長趙顯娥搭乘頭等艙前往美國紐約，由於空服員沒有把外包裝拆開，就將夏威夷果整包送到她面前，她認為這樣的客艙服務非常不好，便在機上大發脾氣。當時飛機已經在跑道上滑行準備起飛，她卻要求機長將飛機調頭，要那名空服員下機。這個在停機坪上將飛機調頭，讓飛機重新回到登機門邊的舉動是否觸犯航空法，在國際間引發軒然大波。

二〇一八年現任韓進集團副社長趙顯旼，在與廣告公司的一場會議上對對方員工潑水，這起事件被稱為「潑水案」，又再一次受到國民的撻伐。最後已故的趙亮鎬會長發布正式道歉文，但道歉的主題、內容與態度，都被人批評毫無誠意，事態並未平息。

就是在這種犯錯的時候，我們才必須特別小心說話。

人類並不完美，所以人人都有可能犯錯。像是走在路上不小心踩到別人、撞到別人等日常中的小失誤，到引發社會公憤的重大錯誤等。只要一犯錯，每一句話都必須比平常更加謹慎。如果不適當地道歉，可能會引發後續的風暴，使問題更加嚴重。

曾任哈佛大學精神醫學系教授，後來轉任麻省醫學院院長的亞倫・拉札爾（Aaron Lazare），曾在他的著作《道歉的力量：化解遺憾》中提出道歉的四階段過程。⑯**第一階段是認錯**。「無論我做錯什麼」這種模糊的認錯方式，或是「如果我犯了任何錯」等加上前提的認錯方式，都不算是真的認錯。「雖然不是需要這麼大驚小怪的事」「造成傷害我很抱歉」等，把錯誤縮小或有些傲慢的態度也不行，應該要老實且公開認錯。

第二階段是後悔。要透過絕不再犯的懺悔、相應的覺悟以及對自己所犯的錯感到愧疚，謙遜不凌駕於受害人之上的態度，讓人們看見真心後悔的姿態。

第三階段是解釋。必須詳細說明錯誤發生的背景與原因。如果已經充分執行第一階段的認錯跟第二階段的後悔，對方就會有心情聽你的解釋。這時裝模作樣的膚淺辯解，或是合理化自身錯誤等做法，反而會帶來負面的影響。解釋不是辯解，認真地表示自己犯的錯「沒有辯解的餘地」，才能緩和對方的怒氣。

---

⑯《道歉的力量：化解遺憾》（亞倫・拉扎爾著，林凱雄、葉織茵譯｜好人出版｜2022.04.13）

第四階段是賠償。必須針對物質上的、精神上的損害進行賠償。承認錯誤、表示後悔並感覺自己應該負起責任之後，就要配合對方的要求，慎重且確實地給予賠償。看了這四階段的道歉，就會發現道歉其實比我們想像中要更難、更複雜。老實說如果可以的話，人人都應該要避免需要道歉的情況發生。

有一本叫做《OMA！一分鐘道歉》的書當中，曾經提過一個林肯的小故事。[17]美國南北戰爭時，一天，負責首都防衛的警衛兵史考特上校去找林肯總統。史考特上校的太太為了照顧生病的老公而來到華盛頓，後來在返家的路上遭遇意外而死。上校安慰了悲傷的孩子們，並向團長申請休假以參加喪禮。不過由於當時正在打仗，狀況非常危急，所以他的休假申請並沒有被批准。史考特上校非常不服氣，便違反軍中的階級規定，直接向國防長官申請休假，但同樣遭到拒絕，於是他才直接去找林肯總統。史考特上校對林肯總統說明了自己的情況，但最後卻惹得林肯總統勃然大怒。史考特上校返回自己的宿舍，感到十分挫折。隔天早上，林肯來到史考特的宿舍對他說「史考特上校，昨天那件事我真是百口莫辯。我後悔了一整晚，整個晚上都沒睡，天一亮就來請求你的原諒。昨天我實在太累了，但無論如何，都不該對為國奉獻、失去妻子的失意男子做出那樣的行為。」林肯總統真心地道歉，並且讓史考特上校能夠出席妻子的葬禮，再親自用自己的馬車載他到波克馬特碼頭搭乘蒸汽船。林肯首先承認了自己的錯，並對自己的言語和行動表示後悔。接著再解釋說他當時身心俱疲才會做出那種事，最後用自己的馬車載上校到碼頭，讓他能夠去參加葬禮。林肯所做的這一切，恰巧與亞倫・拉札爾說的四階段道歉吻合。

最近我接觸的一位企業家，因為在工作上遇到問題，不小心對合作夥伴的負責人說錯了一句話，這讓他很困擾。明明是自己犯錯讓對方困擾，但一被對方指責，他就會開始感到很不耐煩。整件事確實是他的錯，他只要認錯並道歉就好，卻在該道歉的瞬間做出情緒化的反應，最後弄得兩人心情都很差。他遲來的自責與後悔，也讓我對事情的發展感到遺憾。

我們經常能在身邊看到這一類的事情。從道歉的第一階段認錯開始就不容易。這種狀況可能會在容易責怪他人的控制型父母（CP）狀態下發生，不得已的道歉態度則可能是順應型兒童（AC），而情緒化又憤怒的態度則可能是自由型兒童（FC）。但道歉的時候，我們必須以理性型成人（A）的狀態，客觀地看待狀況並做出適當的反應。從林肯的例子我們就能看到，只要有錯，上級也應該要對下屬道歉，顧客也應該要對職員、父母也應該要對子女道歉。**道歉是解決衝突危機、恢復人際關係的最佳工具。承認自己的錯誤並背負責任，是一種有勇氣的行為，也是世上最謙遜的舉動。**

---

⑰《ＯＭＡ！一分鐘道歉》（肯・布蘭查、瑪格麗特・麥可布萊德共著）

讓人愉快地
接受請求

「司機先生，您好，我今天居家辦公，如果您送貨來的時候，可以不要按門鈴或敲門，我會非常感激您的。請把東西放在門口就好，祝您今天平安順心！」我在同事的社群上看到這段話。這位同事經常在全國巡迴演講，每次講座都有幾十人、幾百人來參與，現在也非常習慣在家進行非接觸式的視訊演講了。如今上班族逐漸改為視訊開會，無法去學校的孩子們也開始改為視訊上課。如果是以前，家人們會各自去上班上學，白天這個時段家中會非常安靜，但現在全家人都待在家裡。在家的時間一多，自然就會經常叫外送。新冠肺炎疫情以來，網路購物等非接觸式消費量增加。二〇二〇年韓國宅配量達到三十三億七千萬個，較前一年增加了百分之二十點九。根據二〇二一年五月統計處發表的報告來看，食物、食材的訂購量增加了百分之四十七點一，食物外送增加了百分之六十點三。[18]不上班上學，主要待在家中的情況越來越多，家人之間也越來越需要互相幫助。

在家進行視訊授課的K，因為上課時間安排在晚上，總是無法顧及家人，讓她感到很愧疚。K總是請先生照顧孩子、準備晚餐。「老公，你知道我今晚要上視訊課吧？孩子的晚餐就拜託你嘍。」如果你是她的先生，聽完這句話會有什麼感覺呢？太太說這句話的時候，並沒有生自己的氣或展現出任何不耐煩的態度，但這公事公辦沒有任何情緒的表達，完全感覺不到情感或人性。因為她這句話中，只傳達了「晚上要上視訊課」的客觀事實，與「照顧孩子的晚餐」這兩個訊息而已。（這會讓對方感覺是一種指示或單方面的通知。）如果對象是孩子，用「媽媽要在房間裡上視訊課，不可以進到房間裡來，進來媽媽會罵人喔」這種說話方式來「拜託」孩子別干擾自己上課，也可能會讓孩子感到恐懼，而不是欣然同意媽媽的要求。**拜託必須要在對方欣然同意自己的想法時才會成立。如果希望對方能欣然同意，自然就要「明確地」說出自己的想法，並想辦法讓對方「欣**

---

⑱ 摘自韓國文章〈令人興奮的宅配，IT企業的手無所不在〉

然」同意才行。

如果不把話說明確，那就會產生不合預期的結果。如果不說得讓對方欣然同意，則可能會傷害彼此的感情。因此我認為，好好傳達個人請求的溝通方式非常重要。

只不過我們都很擅長對別人說出自己的想法，卻不知道該如何讓對方欣然同意我們的請求。如果事情不如意、沒有往自己預期的方向發展，我們很容易認定這是跟對方溝通不良。如果是像上司跟下屬、父母跟孩子這種不回應對方的請求，就可能造成某種損失或受到處罰的情況，會使聽取請求的一方認為話者的位階與權威，使他們「不得不」回應對方的請求，但這時請求就會變成一種強迫。所以希望各位能夠想想，自己一直以來提出的是強迫還是請求。

讓我們回頭看看K的故事。如果K只說「事實與要求」的態度讓先生感到難過、生氣的話，K很有可能會認為「你一個人連飯都弄不好嗎？孩子是我自己一個人生的嗎？都得要由我照顧嗎？我現在忙得要死，你卻都不幫忙！你是沒手沒腳嗎？怎麼總是不幫忙？」為了讓對方能夠理解自己的立場與狀況，K可能會強調對方的義務與責任，化身成為擅於責怪與訓斥他人的控制型父母（CP），毫不留情地以命令的口吻跟先生說話。

但這樣說完之後，對方便會一點都不想幫忙。如果想要明確說出自己的想法，又讓對方能夠欣然同意幫忙，究竟該怎麼做呢？

首先，**我們必須看看對方是否處在能夠聽取我們請求的心理狀態**。人在心情愉快的狀態下，會比平時更為寬容。我們也必須讓對方化身成養育型父母（NP），會想要了解我們、幫助我們。如果對方的心理狀態不符合上述條件，那麼我們就必須用更具包容性的姿態說話。

俗話說「會吵的孩子有糖吃」，有時候我們可以像個自由型兒童（FC）一樣耍賴、撒嬌一下，例如「老公～怎麼辦～對不起～我也想一起吃飯～好可惜喔，真的好難過！（露出遺憾的表情）偏偏這時候要上課！」我在上課時提到這件事，都會有人說「老師，我不會撒嬌」「這太害羞了，我實在是做不來」。這其實不是要各位大哭大鬧或是真的耍脾氣，而是稍微讓對方對自己有點憐憫之心。用這種方式說話，對方很容易會化身成養育型父母（NP）說「好啦，那又怎樣？沒關係啦，我會好好照顧孩子，你有吃飯吧？」

「Emotion」（感情）這個詞，是一五七九年從法文單字「émouvoir」演變而來，這個字原本的意思是「To Stir Up」（喚起、激起強烈的情緒）。[19]看這個字的拉丁文，就會

⑲《我們如何決策》（喬納・萊勒著）

發現它與「動」這個字有關。感情與動機兩者都是從代表「動」的拉丁文「Movere」衍生而來。從這點來看，感情就是自己先動起來，再讓他人跟著動起來的意思。也就是說，如果想動搖別人的心，就必須好好操控、表達自己的感情。很少有人會在別人一開始提出請求時，就斷然拒絕或勃然大怒。溝通是一種你來我往的相互交流，我們不應該因為對方的反應不佳，就覺得自己也應該用較為負面的態度回應。

希望各位可以記住「尊重他人，他人才會尊重你」這一句話，主動放低姿態向他人提出請求。如果K改用「老公，抱歉，我的線上課要到晚上八點才結束，好像沒辦法一起吃飯了，你能幫幫我嗎？我知道你應該也很累，但今天要麻煩你準備一下晚餐，照顧孩子吃飯。小菜都在冰箱裡，我很想要把飯菜準備好，但實在是沒有辦法，真讓人難過。明天我會做你想吃的給你吃！」那麼先生就會以養育型父母（NP）的角色來安撫K的情緒，接著以理性型成人（A）的態度表示K也費心了，並把自己想吃的菜都告訴K。這樣一來，先生就會以「反正」都是要弄晚餐，不如就順手幫忙的心態，「欣然」接下這個任務。

如果你為了獲得自己想要的結果而強迫對方、嘗試改變對方的行為，那結果非但不會如你所願，更可能會讓你只想責怪對方，最後傷害彼此的情緒，使雙方的關係更加惡化。請求並不是強迫，必須讓對方「欣然」而非「無奈」地接受，這樣的彈性溝通方式才能使我們的關係更有彈性。

承認世代差異，換個方式說話

我曾幫在全國衛生所、保健醫療院、健康支援中心上班的人上過溝通課，這是當時發生的事。現場除了幾名二十多歲的員工之外，大約有百分之七十左右的人是三十至四十歲，另外百分之二十是五十多歲。我問他們，覺得最難以溝通的對象是誰。答案形形色色，從學齡前兒童到國高中小學生、青年朋友、孕婦、殘障人士、老人、病患的家屬、同事等應有盡有，其中回答「長輩」的占壓倒性多數。他們認為與長輩溝通尤其困難的原因，是長輩「很固執」「有強烈的個人主張」「保守」「不聽別人說話」「自我中心」「無法對話」「以為自己是老大」等，甚至還有人說「他們聽不懂別人講話，感覺很煩」。

觀察這些人提出的理由，會不會立刻想起溝通分析中五種個性的其中一種呢？沒錯，就是控制型父母

（CP）。我們都希望與他人有平行和睦的溝通，但現實生活中常常無法如願，尤其與長輩之間有世代差異，溝通更是不容易。這是因為每個世代所經歷的事情不同，會從不同的觀點來看待同樣的事情。因為有世代差異，所以想法會不一樣，再加上長輩的身體功能逐漸下滑，因此經常聽不懂別人說什麼。

年紀越大體力越差，耳朵聽得越來越不清楚，是人類自然的老化現象。成為老人之後便難以找到新工作，某部分年長者的經濟狀況也不會太好。所有的能力都比壯年期差。不會有人希望自己落入這種情況，所以這種情況更會使長輩意志消沉。

因此，為了保護自己，他們對外界的反應可能更加劇烈。面對這種表現出控制型父母（CP）樣態的長輩，如果同樣以強硬態度回應，最後只會發生爭吵。在這樣的情況下，無論再怎麼理性溝通，都無法讓對方聽進自己說的話，所以必須先以順應型兒童（AC）的方式與他們相處。不要反駁長輩的固執或個人主張，先展現認同並接納的態度，才會有與他們溝通的空間。讓長輩敞開心胸，獲得心理上的安定感之後，就必須用自由型兒童（FC）與理性形成人（A）的態度，和長輩親切地交談。

我想起詩人林敬南（音譯）曾說過「人類不會因為飢餓而死，會因為寂寞而死」。在家庭與社會中感到寂寞、疏離的年長者，喜歡會主動接近並聽從他們的人。如果以自由型兒童（FC）的態度，像孫子女一樣隨和地接近他們，他們就會把你當成親孫子女一樣來疼愛。我在二十多歲時擔任過電視台的記者，採訪過老年人口較多的區域與老人福利館，當時之所以能與長輩順利溝通，也是多虧了這個方法。出門旅行或是去傳統市場購物時、為老年人上課時，我們總是能夠愉快地溝通。

有一次我遇過一個人，她抱怨說自己的公公有重聽問題，難以溝通。她在外頭辛苦工作回到家，卻還要面對同樣一句話重複無數次，依然聽不太懂的公公，真的令她很煩悶。在這個情況中，最重要的一點是「對方的耳朵聽不清楚」。上了年紀之後，耳朵聽不清楚是理所當然的事，有時候還必須使用助聽器。在這種情況下，複述自己的話是沒用的，只會讓自己更辛苦而已。這時應該以養育型父母（NP）的態度，溫暖地為對方著想，放慢說話的速度並大聲說話，或是拿張紙把想說的話寫下來，再不然傳簡訊也可以。**面對重聽的長者，我們該做的不是大聲說話，而是選擇其他的方式與對方正確地溝通交流。**

「我都說幾遍了！為什麼你都聽不懂？」如果像這樣不耐煩地回應，反而可能惹對方生氣，也可能會使對方意志消沉並拒絕對話。對重聽的人生氣、發火，只會讓自己悶出病來。**就像我們不會期待新生兒會突然站起來走路一樣，也不該對身體機能退化的長輩抱有太大的期待。要以心胸更寬容的養育型父母（NP）態度理解對方，嘗試幫助對方。**

我曾經到國家報勳處替即將退休的員工上課。我聽他們說退休後就必須放下在職時享受的社會地位與權力，這使他們的社會地位消失，導致他們覺得自尊受損。除了退休之外，我們人生中也可能會有長時間求職或失業等較困難的時期。這時一句溫暖的話、一份關懷，都能夠幫助我們撐過那段時間並重新站起來。

有時候跟和自己有世代差異的長輩說話時，會因為談話內容一板一眼、太過無聊而想打斷對話，卻又怕這麼做太過失禮，所以遲遲不敢動作。打斷對方說話很沒有禮貌，一不小心還可能讓對方不開心，但如果讓對方自己一個勁兒地講不停，又會讓聽的人覺得很累。這時我建議可以用下面這個方法。我們在說一件事情的時候，都會有「開始」「過程」與「結束」。**我們可以視情況在中間以探索式的提問加快對話的速度，**例如「啊～所以接下來怎樣了？」「結論是什麼呢？」用這種回應的方式，就能幫助對話進行得更快。例如，假設你現在在跟一名原本是個平凡上班族，退休之後在當高齡模特兒的人說話。你問「你是怎麼準備模特兒面試的呢？」想聽聽對方當初成為模特兒的契機，對方說得很起勁，卻始終沒有回答到重點，這時你就可以接著問「你從什麼時後開始上模特兒補習班的？」「家人的反應怎麼樣？」「以後你有什麼計畫呢？看來我得先跟你要個簽名了」，用這種方式附和對方，並引導對話速度加快。

老人心理專家大衛・索利（David Solie）曾說「跟老人溝通的時候，必須採取他們已經『老化』而不是『退化』的觀點。」他強調我們必須承認，老人在所有層面，尤其是在說話和行動上十分緩慢，說話頭尾不一或重複無聊的內容等，也都是他們的行為特性。[20]所以不該從「退化」的觀點，來把他們當成是沒有價值的存在，而應該要從「老化」的觀點，理解他們現在的樣子來溝通。下面是一些能讓他們回想起生命的意義，並且讓他們倍感尊重的問題，適當地在對話中用上這些問題，就能讓對話更貼近真實。

⑳《理解年長父母的對話作業》（大衛・索利著）

範例

年輕時最讓你開心的記憶是什麼？

年輕時的世界怎麼樣？跟現在很不一樣吧。

你的祖父母是怎樣的人呢？

你什麼地方像你的父親／母親呢？

你小時候的夢想是什麼？

你學生時期最好的朋友是誰？

你跟配偶是怎麼認識的？

你人生最幸福的時期是什麼時候？

你覺得自己在人生中曾經實現過什麼豐功偉業？

你這輩子最感激的事情是什麼？

如果能夠隨意更換人生中的某樣東西，你想要換什麼？

根據統計廳的報告指出，二〇二五年韓國六十五歲以上的人口將會達到百分之二十點三，邁入超高齡化社會。但保健福祉部二〇一七年的老人人權現況調查卻指出，認為「與年輕世代無法溝通」的老人占一半以上（百分之五十一點五），認為與年輕世代衝突嚴重的比例也有百分之四十四點三。年輕世代則每十人中就有九人說與老人溝通困難。[21]這讓我們發現，與年長世代的溝通斷層，會成為與社會衝突的火種。理解老年人並努力與其溝通，對我們的社會具有更重大的意義。

㉑ 摘自韓國文章〈該如何跟年長的父母對話〉

等待並包容
青春期的孩子

觀察人類的成長階段，會發現孩子進入青春期後開始產生主觀意識，變得不太聽父母的話。以高中小學生為對象開始進行說話指導前，我都會先和家長聊一聊，並藉著這個機會，聽聽孩子平時在學校與家中的狀況。在這過程中，家長會很自然地透露與子女的溝通問題。聽完他們說與孩子之間遭遇什麼困難、目前的狀況如何之後，發現大多數的父母都使用錯誤的溝通方式。我會很直接地告訴這些家長，**他們小時候是如何被父母對待，他們現在就是如何對待自己的孩子。**

類似這樣單方面給予壓力、強迫對方聽話的蠻橫行徑，是源自合約上的甲乙關係。語帶貶低地批判相對較為弱勢的乙方的行徑，現在已經成為強調某人做事蠻橫不講理的流行用語。這種蠻橫行徑是某人以相對較為優勢的身分、地位、職位、位階等條件，任意使喚他人，或對他人做出無禮舉止的行為。

說父母對孩子很蠻橫，確實是有點過頭的比喻，不過各位仔細想想，如果用合約上的甲乙關係來看親子關係，那父母確實是甲方沒錯。因為孩子小時候無法自己完成任何事，所以需要父母餵食、幫忙洗澡、哄著入睡。嬰兒既不會走也無法移動，所以父母會負起所有責任幫忙做每一件事，在身體上、經濟上與精神上給予全面的支持。但等孩子上國中時呢？孩子的身體有了改變，也開始產生自己的想法。小時候一切都受到父母保護與協助，不得已只好聽從父母的意見。如果在孩子升上國中以前，父母經常以控制型父母（CP）的態度，用「要讀書啊！你到底是想要怎麼樣？」「你怎麼考這個成績？花大錢送你去補習班，居然還考成這樣?!」等話語來批判孩子，那麼孩子到了國中之後就可能劇烈反抗。

等到國中時，孩子可能已經長得跟父母一樣高大，有明確的主觀意識，能夠隨自己的心意做事，也可能開始打工賺一點錢。也就是說，他們已經接近可以不在父母的協助下，自己養活自己的成人階段。小時候遭受的蠻橫行徑不斷累積，到了這個時期爆發開來，使他們也開始對父母蠻橫無禮。孩子會成為控制型父母（ＣＰ），開始責怪、指責父母，甚至會越線來訓斥父母。

我最近指導的學生中，有個人的兒子仍就讀國中。他的養育型父母（ＮＰ）性格非常強烈，總是過度保護孩子，據說他的兒子一直以來都不曾反抗或頂嘴。但某天他進兒子房間，卻發現牆上有用拳頭擊打的痕跡，讓他大吃一驚。那他以後該怎麼辦才好呢？他應該要放下用過度的愛關心保護孩子的態度，改用成人自我（Ａ）的角度，將兒子視為對等的個人，以合理的態度面對他。如果你是採取高壓式管教的父母，那你可以回顧一下自己過去的行為，如果發現自己現在遭遇的事情，就是自己當時對孩子的所作所為，那你就必須虛心接受。

孩子不聽話、特別愛反抗的時期，其實是源自自由型兒童（ＦＣ）其中一個較為負面的面向被強化，讓他們變得自我中心且任意妄為，這時父母應該耐心等待並包容一切。父母必須化身成養育型父母（ＮＰ），傾聽孩子說的話，並打從心底為他們著想。如果在這個情況下以理性型成人（Ａ）的態度說出太正確的話，也可能會使狀況惡化。變成控制型父母（ＣＰ）不斷發牢騷、訓斥或強迫孩子，會使狀況更加嚴重，更極端的情況甚至可能會讓孩子選擇以離家出走的方式切斷與父母的關係。在事態擴大到不可收拾之前，父母應該要承認自己過去的蠻橫行徑，帶著謝罪的心情包容並等待孩子。過了一段時間之後雙方恢復理性，氣氛不再那麼劍拔弩張時，父母便能用合理的方法，提出協助孩子的方案，以對話化解雙方的衝突。

我們經常能在新聞上看到青春期的孩子離家出走的消息。孩子們為何要離家出走呢？讓我們換個問題，「孩子們為何只能選擇離家出走呢？」試著想想為什麼吧。原因可能很多，但最根本的原因還是父母不理解自己的心、溝通不良的緣故。親子之間有多少時間對話呢？可能連一起相處的時間都沒有，更沒有什麼美好的回憶。彼此關係已經不好了，父母又一直很囉唆，只會使孩子決心關上耳朵、閉上嘴巴。

如果父母能給孩子足夠的愛與信賴，讓孩子知道父母會等待自己、相信自己、原諒自己並溫暖包容自己的錯誤，那麼即使發生衝突，孩子也不會離家出走。**而選擇離家出走，就表示家對孩子來說已經不再是安全基地，父母也不再是會保護自己的人。**孩子會轉而向外界尋求無法從父母那裡獲得的愛與認同，並嘗試向外面的人求助。家庭必須是孩子最牢固的社會安全網，卻無法好好扮演這個角色，所以孩子才會選擇離開。離家的孩子在外尋求協助，可能會走上不好的路，也可能成為犯罪的目標，被捲入一些負面的事件當中。

所以父母需要反過來承受孩子的蠻橫行徑，並花時間等待。經過足夠的等待之後，還必須用溫暖的話語及態度安撫孩子的心。同為經歷這個過程的父母，有時候我會以自由型兒童（FC）的態度，跟來對我訴苦的人暢談這類的煩惱。在我遭遇這個問題時，我曾經告訴我的孩子「你做這種事、說這種話的時候，媽媽都會覺得很不安、很擔心。媽媽現在也覺得很難過。」

有些人會說「我一直都把孩子當成是鄰居家的孩子在養」。一個媽媽要有多麼難過才會說出這種話呢？她說因為一直是抱持這種心情，所以才能對孩子有諸多忍讓。站在旁觀者的角度，客觀地看待她的孩子與她所遭遇的情況，可以充分理解她為什麼會這麼說。但我建議大家還是回想一下自己的青春期吧，希望各位家長能夠花點時間回想當時的自己，並用當時的角度來理解自己的孩子。並且回顧一下自己還不熟悉父母這個角色時，對孩子說的話、做的行為，再以一個成熟大人的身分向孩子伸出原諒之手。

有「育兒總統」之稱的精神健康醫學醫師吳恩英博士強調，育兒的終極目標是「讓孩子獨立」。不光是青春期，在養育孩子的過程中，將會持續與孩子發生衝突。吳恩英博士說，這種時候應該要告訴孩子「因為我不懂、我不會、我沒做好、我做錯了，所以才會出這種問題，但前提是要用心平氣和的方式好好把整件事說清楚。」㉒

對每一對父母來說，子女的青春期就像痲疹，但還是希望父母親能夠堅持到最後，不要放棄對孩子的愛。希望各位都能記得，父母的角色就是提供協助，直到孩子的身心都足夠成熟，能夠從父母身旁獨立，進入社會扮演合適的角色。

㉒ 摘自韓國文章〈吳恩英博士的育兒處方箋〉

溝通的第四步

確認自己對他人的真實想法

會挑選這本書的你，過去應該在人際關係中受過不少傷害，而且至今仍感到很痛苦。我也知道即便如此，你們依然抱著一絲希望，艱難地選擇了這本書。現在是時候該好好面對自己了。

透過本書前面的內容，我們了解為何與他人的溝通總是沒有改善、自己的說話與溝通方式源自哪裡，未來該怎麼說話、怎麼溝通。我們正一步步地，朝著正確的溝通方式前進。

但另一方面，你或許會覺得委屈。面對那些折磨你、令你痛苦的狀況，為什麼只有你一個人要努力嘗試改善它？你可能會感到委屈又難過，因為衝突的原因可能在自己，也可能在對方，應該是雙方的問題。一段扭曲的關係，每個人都有責任。我想你真正渴望的並不是切斷這些關係，也因此你才會選擇這本書。

在闔上這本書之前，你必須鼓起勇氣下很大的決心，你要緊閉雙眼，告訴自己再努力看看。在開始努力之前，先確認一下你對他人的真實想法吧。這樣一來，該如何經營人際關係的困擾，很快就會撥雲見日。

請想像一個特定的對象，並填寫以下內容。坦率地寫出五個理由，說明為何想改善或整理掉與這個人的關係。

• 想改善關係的原因

1. ____________________

2. ____________________

3.

4.

5.

・想整理掉這段關係的原因

1.

2.

3.

4.

5.

如果想改善關係，寫下五個未來自己該努力的地方、希望對方努力的地方。

• 我要努力的地方

1.

2.

3.

4.

5.

• 希望對方努力的地方

1.

2.

3.

4.

5.

讀完這本書，確認自己對這個人的想法之後，簡略地寫下自己的決心。

1. 想改善關係的原因若更明確，那是為什麼？

2. 想整理關係的原因若更明確，那是為什麼？

附錄

不同個性類型的說話訓練腳本

不同個性類型的說話訓練

前面我們透過自我圖（96頁），得以客觀地掌握自己的個性。自我圖是由創立溝通分析理論的艾瑞克．伯恩的學生，美國心理學家約翰．杜賽所開發。這是一種將根據PAC自我狀態的五種性格所釋放的心理能量強弱，以圖表方式呈現出來的診斷法。杜賽曾說「提升自己想提升的特定自我狀態功能，就是改變自我圖的最佳方法。」如果你已經透過自己的自我圖診斷結果（103頁），了解自己的「優勢」與「弱勢」，那現在就該實踐「說話訓練」，讓自己最弱的自我狀態活躍起來。

Persona這個單字在希臘文代表「面具」的意思，在電影中則代表能為導演的電影世界代言的角色。讓我們試著像古代希臘的假面劇中，時不時穿脫面具的演員一樣，投入在劇本裡登場的角色之中，訓練自己在不同的角色之間轉換。透過這樣的練習，幫助自己較為弱勢的特性成長，最終你就能像演員歷經無數次彩排，最後終於站上舞台展現完美演出一樣，配合真實世界中的人際關係，選擇合適的自我狀態與對方溝通。建議你可以用手機或相機拍下來監看自己的表現，確認自己的非語言（表情、眼神等）與準語言（聲音、語氣、語調等）。

個性類型一：

提高控制型父母自我（CP）

透過提醒他人行為舉止不適當、違反規定、要注意自己的態度，或是提出批判式的評論、明確地評價他人等訓練，我們可以提高控制型父母的活躍度。你可以讓自己成為一個負責主持討論的司儀，或是果斷的領導者，練習以下的劇本。這時若能採取果斷的語氣和認真嚴肅的表情，就能看見很大的不同。

在職場上，有些人會在背後批評自己的同事或後輩，甚至是將自己的工作推給別人。身為團隊的領導人，面對這樣的下屬時必須擺出嚴厲的姿態，堅決斥責這樣的行徑。即使是過度要求他人承擔沉重的工作量，依然要強烈地表達自己的想法。但還是要避免過度嚴格或無條件採取命令的態度喔。

01

果斷地說出規則

大家好，

我是負責主持今天辯論會的司儀○○○。

這次辯論會的主題是「是否應廢除死刑制度？」

現在為您說明今天的辯論規則。

每一位討論者的發言時間為一分鐘。

請務必遵守發言時間規定，也請各位討論者務必在取得發言權後再開始發言。

一個人發言完後，可指定對方陣營的一個人提問。

請盡量不要超過限制的發言時間，如果無法在時間內完成發言，為了維持公平，我將會介入並中斷各位的發言。

再一次提醒各位，辯論中禁止辱罵、誹謗、人身攻擊對手，也請避免與主題無關的發言內容。

若有任何脫離討論主題或不適當的發言內容，即使您的發言尚未結束，我也會介入並予以仲裁。

那我們將正式開始「是否應廢除死刑制度」的辯論。首先請贊成方以一分鐘的時間闡述自己的主張。

辯論會現在開始。

・說話技巧

說明規則的部分必須特別加重語氣。

02 指正錯誤的行為

A，最近你都在說 B 什麼？
你不能這樣在背後說人壞話！
身為組長，我覺得這是我應該出面處理的事情，這部分我想應該要跟你說清楚。
我不知道你們兩個之間發生了什麼事，但公私要分明啊。
這樣下去整個部門的氣氛會很糟糕，你不知道嗎？
請你注意，不要再發生這種事了。
要是再發生這種事，我就要以公司的規定處置了，請你注意。

・**說話技巧**

說話的重點不是放在對方的人格，而是放在對方的行動上。
但應該避免過度嚴厲或以命令的態度說話。

03

強烈地主張個人意見

組長，從現實層面來看，我要同時消化現在進行的專案跟新的專案，我認為會有困難。

而且新的專案並不是我負責的業務範圍，現在正在做的事情期限也快到了。

組長你應該也很清楚，以我目前的狀況來看，我要同時負責兩個專案實在太勉強了不是嗎？

如果一定要我負責，那請調整期限或是多加人手給我吧。

我覺得事情這樣下去，兩個專案可能都沒辦法做出什麼成果，所以才會向你提出這個要求。

・**說話技巧**

要在說服的部分明確表達自己的意思。但要避免過度武斷的態度。

04

教導他人有公德心

安靜！有誰會在外面這樣大吵大鬧？

這裡又不是只有我們！

這樣吵吵鬧鬧會給別人造成困擾。

爸爸（媽媽）說過，不可以在公共場所給別人添麻煩對吧？

跟別人待在同一個場所時，應該要遵守禮儀避免影響彼此。

好了！可以了，不可以這樣。

在外面這樣是不對的。

你可以跟爸爸（媽媽）說你哪裡不開心嗎？

好，那下次你就不要這樣叫，用說的好嗎？

・說話技巧

明確地告訴孩子應該要遵守的公德心與規範。

但不要太大聲或過度嚴厲地訓斥孩子。

個性類型二：

提高養育型父母自我（NP）

藉著練習說出站在對方的立場並同理對方的話、溫暖的話、安慰與鼓勵的話，就能提高養育型父母自我的活躍度。下面都是一些能讓人感到安慰、獲得勇氣的情境，試著代入情境中練習吧。這時建議以低沉的聲音、帶著溫柔的表情說話。一句溫暖的話，就能讓一個人恢復生機，有繼續努力下去的動力。

05

放感情說話 1

港口充滿令人驚異的活力，使清晨的黑暗逐漸褪去。
巨津港滿滿的都是當季牙魚。

元俊一早過得比誰都要忙祿。

漁村的工作總是如此，
乘船出海的人、
在港口工作的人，
都無比辛苦。

對身強力壯的青年朋友來說，漁村的工作也絕非易事。

但他們也深知這能補貼家用，因而絲毫不能怠惰。

今年二十歲，
元俊正竭盡全力扛起一家之主的重擔。
他並非束手無策地面對自己所承擔的生命之重，
而是挺直腰桿堅決扛起那擔子……

（暫停）

二十歲的元俊，
今年冬天過得比誰都要熾熱。㉓

・**說話技巧**
讓人感覺話者能對故事主角的處境感同身受。

㉓ KBS 1TV《同行》二八四回，〈20歲家長小關的決心〉

06

放感情說話 2

應國立芭蕾舞團崔泰枝女士的邀請，
惠允一家一同出門觀賞表演。

惠允欣賞了她心心念念的芭蕾舞者金珠元的演出，
而且還是在大表演廳裡。
過去一直只有透過網路欣賞，今天也有機會看到金智英的演出。

惠允一直夢想能有這一天。

人們都說這不可能實現，
人們都對這嗤之以鼻，

唐氏症少女惠允的夢想。

但一個連夢都不做的人，肯定沒有實現夢想的機會。
唯有懂得做夢的人，
才能獲得實現夢想的高貴特權，獲得這一份禮物。

惠允夢想著，
成為在舞台上飛翔的芭蕾舞者金惠允……
今天，她也朝著那夢想的舞台奮力飛躍。㉔

・說話技巧

讓人感覺話者能對故事主角的處境感同身受。

㉔ KBS 1TV《人間劇場》〈飛翔吧惠允第5集〉

07

對組織成員說話

在提供各位工作上的回饋時，我的角色主要負責指導、輔導與建議等三項工作。

但隨著居家辦公逐漸成為常態，讓我無法做到這些，真的讓我覺得有些擔心。每一名員工的工作內容，都會隨著升遷而進入下一階段。但居家辦公卻使我無法提供這些協助，幫助大家在身心上做好準備。

短暫的居家辦公或許能讓人感到輕鬆，卻無法獲得領導者的輔導與回饋，因而錯失了成長的機會，長期來看將會是很大的一筆機會成本。

所以我不能就這麼放棄，必須尋找我能做的事。

就在這個許多人說我們需要「數位領袖風範」的時刻，即便我不知道這是不是正確答案，我仍在嘗試能讓每個人不要逐漸失去歸屬感與工作上的成就感。

首先，我現在開始透過通訊軟體，提供每一名員工詳細且明確的回饋，並輔導往更好的方向改善。

表現好的地方我會稱讚，也比以前更常感謝大家了。

如果說過去的我只是單純提供回饋，那麼現在我會先問問員工們的想法。

再以他們的意見為基礎，表達我自己的意見。

這是我認為目前我能做的事。

・說話技巧

要讓人感覺到對員工的擔憂與感謝。

08

溫柔地鼓勵他人

（摸頭）好，好，妳做得很好～
要不要媽媽（爸爸）幫妳？
妳不用著急，慢慢來就好。
很好，做完了！現在妳一個人也能完成了呢！
妳長好大了～我的寶貝女兒～真了不起～

以後妳也能自己來嗎？可以嗎？
（豎起大拇指）真不愧是我的寶貝女兒。
媽媽相信妳可以～
謝謝妳來當我女兒～
來這邊，我的寶貝，真是可愛～

・說話技巧
用稱讚與溫柔的語調，提供許多正面的撫慰。

個性類型三：

提高理性型成人自我（A）

透過訓練自己合理且理性地思考，並採取可執行的動作，我們能夠使理性型成人自我更加活躍。你可以成為傳達客觀事實與資訊的主播、司儀，並用以下的內容練習。試著用充滿信賴感的語調與明確的發音來說話。在準確的業務公告、團隊內部的資訊分享等職場上的溝通中，這是非常重要的技巧。

09

傳遞資訊的說話方式 1

全國連日來持續超過三十度的高溫，電力供應十分吃緊。二十七日下午六點，全國最大用電量達到九萬一千一百四十一瓦，創下今年夏天單日用電量最高紀錄。

連日來的高溫造成熱島效應，使民眾冷氣機的使用量大增，再加上疫情減緩後的經濟復甦，使得工業用電量逐漸增加。

分析指出，由於新冠疫情的影響，居家上班或隔離者增加，民眾留在家中的時間變長，也使得家庭用電量大幅提升。

氣象局預告，繼七月之後，八月也可能出現破紀錄的高溫，電力備轉容量令人十分憂心。

七月初，全國平均電力備轉容量仍有百分之二十，但到了二十七日已下降至百分之十點五。專家擔心，要維持兩位數電力備轉容量以確保供電無虞，或許會有些困難。

供電量不足的警報可分為多個階段。

在七千七百萬千瓦的總電力供應量中，備用容量不滿四百五十萬千瓦時為「準備」，不滿四百萬千瓦時為「關注」，接下來以一百萬千瓦為單位，分為「注意」「警戒」與「嚴重」等階段。

如果備轉容量低於百分之五，則會超越「嚴重」階段，直接啟動緊急狀態，可能導致全國性或部分地區停電的問題發生。

政府預期，

今年夏天會因為高溫與工業生產增加，

導致電力需求達到史上最高，

目前正傾全力確保提供民眾穩定的電力。

・說話技巧

提到數字時發音要準確，說話時必須清楚認知到哪些是重要的關鍵內容。

10 傳遞資訊的說話方式 2

「京織文學創作樞紐展示大會」活動即將開始。

大家好，我是今天的主持人〇〇〇。

首先要向各位介紹今天的活動。

本次活動由京織道內容振興院主辦，預計從由京織文學創作樞紐贊助的企業當中，選出各領域最優秀的企業，透過針對市場進行簡報（Pitching），提供向VC（創業投資）及AC（加速器）宣傳、募資的機會。

獲選的優秀企業將可獲得IR顧問協助與企業宣傳攤位，藉此獲得與VC和AC交流的機會，了解如何在市場上成為一間成功企業。

今天將有十二間公司輪流上台發表他們創新的想法，每一間公司將有七分鐘的簡報時間，以IR簡報的「電梯簡報」為始，分為關注領域及投資意向兩個。

之後會再進行團體網路「新創雲端」的活動。

現在我們來聽取這十二間公司的創新想法，了解他們具潛力、投資價值與市場價值的IR簡報。

每一組參加者都會有七分鐘的簡報時間。

（參加者IR簡報）

十二間公司的IR簡報都已經結束。

今天提出的創意，到了明年會如何實現、發展，都令人相當期待呢。

也希望每一間公司都能夠成功吸引投資人的青睞。

接下來的團體網路「新創雲端」活動

將由主辦單位主持，

我在這裡向各位道別，

謝謝各位今天的蒞臨。

・**說話技巧**

分段閱讀，了解每一段話想傳達的意思，並精準地掌握關鍵的內容。

11 具體地說出自己的意見

我們這一組被分配到與本次公司新事業有關的專案。我們要以有類似專案經驗的 A 為主軸，來執行接下來的工作。每星期一的早晨會議討論出來的意見，都要由 A 在當週星期三上午之前整理成書面報告給我。

由於公司規模擴大，所以高層決定開始推動這項新事業，我們當前的首要之務，就是針對目標市場徹底地調查。

請 B 去調查國內目標市場第一至第五名的企業。市調時，應該將重點擺在各家企業在銷售規模、市占率（Market Share）上的差異。

這次專案的目標，是讓公司在新事業的市場成為市占率第二名的企業。

・**說話技巧**

將重點擺在特定的人、特定的內容上，並強調主要事項。

12 以邏輯與嚴謹的結構說話

很高興認識你。

（過去）其實我是在K（○○）的介紹下，才得知這個聚會的。因為我的個性有點怕生，所以實際來到這裡之前，都還有些猶豫到底要不要來呢。

（現在）不過今天來到這裡之後，反而很慶幸自己來了。一開始聚會的主持人主動跟我打招呼、歡迎我，讓我比較沒那麼緊張。跟其他人（其他媽媽）一起讀書、分享自己的感受，也讓我認識到自己沒有想到的觀點，真是獲益良多。

（未來）所以未來我也希望能夠繼續出席每一次的聚會。

請多多指教，謝謝大家。

・**說話技巧**

以過去、現在、未來的結構將要說的內容整理出來。㉕

㉕《小成長的力量》（林政旻、具子豪、全賢美、黃尚烈、李惠靜、金鐘旻共著）

個性類型四：

提升自由型兒童自我（FC）

透過訓練坦率地表達自己的感受，使自由型兒童自我更加活躍。我們將會成為完整傳達現場情緒與氣氛的體育主播，也會練習如何用幽默機智的方式說話。這時如果能夠以開朗的表情大聲說話，並搭配積極的手勢，就能夠使自由型兒童自我提升。這樣能夠幫助我們反璞歸真，對輕鬆的玩笑或遊戲樂在其中，或是幫助自己培養幽默感，使自己與他人都能獲得快樂。

13 生動描述現場狀況

為您報告體育新聞。

前NBA球星俠客・歐尼爾搖身一變，成為摔角選手。

本月三日，他於美國佛羅里達州舉辦的AEW男女混合雙打比賽中出戰。

過去在NBA有怪物中鋒之稱的歐尼爾，在摔角擂台上也毫無保留地發揮了他的怪力。

歐尼爾在擂台上完全發揮自己的力量，讓觀眾們看得津津有味。

歐尼爾因為對手的跳躍攻擊，而掉到擂台底下的畫面，可說是這場比賽的高潮之處。

兩位選手摔到桌子上，把桌子砸了個稀巴爛。

現在就讓我們看看這位二一六公分的巨漢，

與對手展開的激烈對決！

・說話技巧

說話要有節奏感，而且要非常生動。

14

表達滿懷的喜悅

比賽由韓國隊先攻。

第一位金優鎮選手，射出十分！有個很好的開始！

第二箭是金濟德選手，九分！他射出非常接近十分的九分。

接下來是代表隊的大哥，吳真爀，十分！

不愧是大哥，非常可靠，穩住整支隊伍的節奏。

十分、九分、十分，韓國隊目前總計二十九分。

金牌～！韓國～！

一點也不讓步，韓國隊順利奪得金牌！

二〇二〇東京奧運男子射箭團體賽，最終由韓國代表隊奪得金牌。

韓國男子射箭代表隊於二十六日，在日本夢之島公園射箭場，與台灣代表隊進行決賽，最終以六比〇的成績獲得勝利。

繼二〇一六年里約奧運以來，男子團體射箭已奪得二連霸。

繼女子射箭團體賽之後，男子射箭團體賽也獲得金牌，安山選手與金濟德選手，在本次二〇二〇東京奧運創下雙冠王的紀錄。

・說話技巧

用激動的聲音以開朗、充滿力量的方式說話。

15

愉快地說話

用家人或朋友的名字、事物的名稱當成提示，嘗試做三行詩、多行詩或押韻（三行詩：韓國常見的語言遊戲，以特定詞語的每一個字當作字句開頭，再換成同音的不同字，進而編出詼諧有趣的詩句）。

嚴 非常漂亮！

正 真的很漂亮！

化 上妝後超美！

嚴正化，韓國女歌手暨演員。在人氣韓劇《車貞淑醫生》擔任女主角。

李 這個月一定會還！

尚 因為我手頭有點緊

敏　還有民事官司……

李尚敏，韓國饒舌歌手。活躍於綜藝節目，如《Heart Signal》《我家的熊孩子》《看見你的聲音》。

朴　有著博學多聞

明　邏輯清晰的頭腦

洙　真是有才氣！

朴明洙，韓國諧星、主持人、歌手。曾為人氣綜藝《無限挑戰》的固定班底。

F　Fine

T　Thank you

A　And you?

FTA（Free Trade Agreement，自由貿易協定）

・說話技巧

利用諧音、反差、比喻等方式，創造出有趣的短句子。

16 利用擬聲詞說話

．說話技巧

多在說話時加入擬聲語、感嘆詞。

○○啊，浴缸已經放滿水了，快進來吧～

啊，好冰，啊，好冰。

（孩子在潑水嬉鬧）

媽媽（爸爸）也要潑水嘍，欸！

啊，好冰，啊，好冰，別弄嘍～

現在來抹肥皂吧。

手舉起來～腳抬起來～看前面，轉身～

要用蓮蓬頭沖水嘍～！唰啊～！

哇～這是誰啊？變得好乾淨喔～！

好了～！現在我們從浴缸出來，到洗手台邊刷牙好嗎？

把牙膏唰地擠在牙刷上，刷啊刷啊～刷啊刷啊～刷啊刷啊～

嘶啊～好乾淨啊！

個性類型五：

提高順應型兒童自我（AC）

練習觀察身邊的狀況，適度地主動表達個人意願，就能夠使順應型兒童自我提升。讓我們成為配合對方的反應，引導對話方向的訪問者，練習以下的腳本吧。說話時適度壓低自我，擺出低姿態，就能夠使順應型兒童自我更活躍。向對方提問，並提前想像對方的回答與反應，在對方回答時點頭或採取傾聽、接納的姿態，都是能讓自己不會顯得太過武斷，適度順從並配合對方的方法。

17

訪問他人

B：總是笑臉迎人的氣氛製造者。

C：坐姿端正說話冷靜。

D：一遲到就會罵人，是非常嚴格遵守紀律的教練。

參考三位來賓（B、C、D）的個性，想像他們的回答，並觀察現場狀況，適時說出最適合當下情境的話。

提前寫下你預期的來賓回答（1），然後寫下自己的回應（2）。

有人說「人生七十才開始」。

今天我們邀請到三位來賓，他們正過著健康且充滿活力的第二人生。

讓我們一一訪問他們，聽聽他們的故事吧。

A：你好，不好意思，請問你今年幾歲了？
B：（1）我今年七十六歲。
A：（2）天啊，不是六十七歲嗎？真是看不出來！
A：你開始運動多久了？開始運動後，是否感覺到什麼改變呢？
B：（1）
A：（2）
A：你好。剛才我看了一下，你好像很認真做運動，你不會覺得很困難嗎？
C：（1）
A：（2）
A：你覺得運動有趣嗎？什麼地方讓你覺得最有趣？
C：（1）
A：（2）

A：除了運動之外，你還有什麼照顧健康的祕訣嗎？

C：（1）

A：（2）

A：教練你好，我今天在這裡真的感覺到什麼叫年齡不過只是數字。參與者中，最年長的一位是幾歲呢？

D：（1）

A：（2）

A：不管怎麼說，既然是以長輩為對象的課程，應該還是有需要特別注意的部分吧？你在指導的過程中，會特別注重哪些地方呢？

D：（1）

A：（2）

A：最後請為長輩們健康的老年生活表達一些期許吧。

D：（A）

・說話技巧

注意一下周遭的氣氛，看看自己說的話是否有些失禮或傷害到對方的感受。

18

訪問家人

從家中挑一個人出來訪問。試著預想對方的回答，並配合回答說話。把預想的回答寫在（1），再把自己的回應寫在（2）。

親愛的，等等吃完晚餐之後，可以給我三十分鐘嗎？我想跟你討論○○的教育問題。

A：今年寒假比較長，我想要再送○○多去上一個補習班，你覺得怎麼樣？我想聽完你的意見再決定。

B：（1）

A：（2）

・**說話技巧**

仔細觀察一下對方的心情，看看是不是有說出沒顧慮到老公（家人），或讓對方產生壓力的話。

19

意識到說話的對象

組長，您要我不要呆在那裡，多提出自己的意見，但我老實跟您說，在您發火的情況下，我實在不知道該說什麼才好，腦袋一片空白。

我也很希望把工作做好，想對團隊有貢獻。

但您指示的內容我實在無法理解，要再去詢問您，又讓我覺得有些擔心和卻步。

下次我要是搞不清楚重點，可以去請教您嗎？

・說話技巧

以順從對方的謙遜姿態說話。

刺激內在狀態的行為

控制型父母（CP）	養育型父母（NP）	理性型成人（A）	自由型兒童（FC）	順應型兒童（AC）
遵守約定與規範	對小孩或員工說話和氣	沒有情緒起伏地說話	沉醉於藝術，擁有豐饒的心靈	傾聽他人說話
確實完成被交付的任務	以「做得真好」、「沒關係」等話鼓勵	好好建立並執行計畫	嘗試接觸大自然	努力讓對方滿意
做事要負責	站在對方的立場幫對方想	明確規劃預算再行動	不受雞毛蒜皮的小事限制	能夠適當地壓抑自己
有目標	嘗試掌握對方的優點	客觀思考	對事物抱持強烈的好奇心	總是為身邊的人著想
實現已經決定好的事	為他人打氣加油	無論做什麼都會先建立計畫	一有想法就會立刻行動	在乎他人的想法

做事會分公私	會跟小孩肢體接觸	嘗試推測可能性	積極行動	單純聽取他人的意見
走路抬頭挺胸	以寬大的愛對待他人	養成針對事實思考的習慣	順從自己的心，想做什麼就做什麼	不做會引起波瀾的事情
會注意一些不好的行為	做事態度和藹親切	詢問每個人的意見	如實表達自己的態度與情緒	連細節都會非常在意
立家訓	親切地聽取他人説話	不會感情用事	開朗且人際關係融洽	跟隨他人決定好的事情
會明確地評價他人	受他人請託會欣然接受	以 5W1H 的形式問問題	隨時都充滿活力	即使內心有不滿也不會表現出來
動作或行動不拖泥帶水	善於照顧子女與他人	説話不急躁，保留適當的説話時間	會積極發表自己的意見	會在意身邊的人，並顧及他人的面子
是非對錯分明	帶頭參與義工活動	會公平看待事物	樂觀思考、行動	迎合他人

〔Epilogue〕

不是一個人走十步，而是十個人走一步

我常聽很多人抱怨說「感覺都只有我在努力，好難過喔。」但溝通可不是一個人的事，所以我們需要的不是一個人的努力，而是家人、朋友、職場上司與同事一起努力。只有一個人不斷努力，很快就會覺得累。比起一個人走十步，十個人各走一步更實際。

當我們都能覺察自己的言行源自哪一種自我狀態，就能夠重新選擇並改變自己的言行，進一步讓自己不受對方的言行動搖，能夠沉著地應對。還記得我說自我狀態與年齡無關嗎？並不是年紀比較大就會比較成熟，也不是年紀小就都會像個孩子一樣耍賴。

主持人金聖柱的兒子金民國，因為一則惡意留言而消沉的事情曾經掀起討論。金民國在今年二月，透過自己的社群帳號接受追蹤者提問，當時他收到類似「為什麼長這麼醜？為什麼這麼矮？為什麼鼻孔這麼大？為什麼頭髮這麼長？為什麼嘴巴這麼大？」的惡意留言。面對這些留言，他以「我知道自己的缺點，你怎麼罵我都不覺得痛」淡然回應。其他網友則紛紛留言回應酸民說「管好你自己吧」「這傢伙真讓人失望，搞清楚狀況」「沒家教還要出來秀給大家看」「你閉嘴啦，不要講話」等，其中有不少辱罵對方父母的內容，顯見大家都很憤怒。面對這些連成年人都難以招架的惡意留言，金民國卻沉著應對。他曾經於二〇一三年演出ＭＢＣ的綜藝節目《爸爸！我們去哪裡？》，當年那個受到觀眾喜愛的可愛小男孩模樣，如今卻已不復見。現在金民國已經是高中生，他成熟且冷靜的每一句話都讓我感到驚訝。

最近我去濟州島旅行，旅程中歷經晴天、陰天、雨天等不同的天氣狀況。難道晴天就一定是好天氣，雨天就一定是壞天氣嗎？下雨不是好事但也不是壞事，只有喜歡跟討厭下雨的人罷了。下雨是非常自然的現象，下雨時我們只要撐傘就好。就像面對天氣一樣，我們只要以自己的立場判斷當下遭遇的狀況或對象，不要以扭曲的心態，而是看著對方原本的樣子，做出回應就好。

與溝通分析的創始人艾瑞克・伯恩一起進行研究的精神科醫師托馬斯・哈里斯曾

說「傳統精神醫學的理論模糊且複雜，即使聽別人解釋也難以理解。」然後又說「溝通分析以人人都能輕易理解的方式說明，即使不是專家，我們也能夠了解自己的心是如何行動、為何會做出這些行為及其背後隱含的意義。」這也是在我剛接觸溝通分析時，讓我對這門學問產生興趣的契機。

我認為了解本書介紹的溝通分析概念，並配合書中提出的方法練習，肯定人人都能夠改善自己的溝通問題，所以我對托馬斯的話深有同感。因為親身經歷、見證人們的改變，所以才能夠寫出這本書。「我現在的言行，是源自哪一種自我狀態？」「我是不是沒有確認事情的狀況，就以父母自我狀態批評那個人了呢？」「我是不是為了保護自己，就以兒童自我狀態耍賴呢？」試著不斷對自己提問，也要思考對方的言行，究竟是出自哪一種自我狀態。

透過這本書了解自己與他人，並窺探自己的內心，很快就會產生改變。現在讓你感到難過的狀況或對象，過去一定也曾經發生過，只是現在自己看待、接受這些事情的想法、觀點與言行都不同了。這樣一來狀況就會逐漸改善，對方也會跟著改變。自己選擇的言行與溝通方式、自己如何回應對方的言行與溝通方式，將會影響對話的方向與人際關係，這點請大家務必記住。

一個人走十步實在是不夠。而只靠一個人單方面的努力，最後只會讓人累到放棄。我希望能有很多人讀到這本書，讓每個人一步一步地改變家庭、組織與社會的溝通方式。希望我能成為引路人，引導各位走上更會說話、更會溝通的道路。

Creative 190

不受傷害也不傷害人的說話練習：寫給想要擁有美好關係的你

填回函雙重禮
①立即送購書優惠券
②抽獎小禮物

作者｜林玎珉
譯者｜陳品芳
出版者｜大田出版有限公司
台北市一〇四四五 中山北路二段二十六巷二號二樓
E-mail｜titan@morningstar.com.tw http://www.titan3.com.tw
編輯部專線｜（02）2562-1383 傳真：（02）2581-8761
總編輯｜莊培園
副總編輯｜蔡鳳儀
執行編輯｜葉羿妤
行銷編輯｜張筠和
行政編輯｜鄭鈺澐
校對｜黃薇霓／陳品芳
內頁美術｜陳柔含
初刷｜二〇二三年十一月十二日 定價：三八〇元
網路書店｜http://www.morningstar.com.tw（晨星網路書店）
TEL：（04）23595819 FAX：（04）23595493
購書Email｜service@morningstar.com.tw
郵政劃撥｜15060393（知己圖書股份有限公司）
印刷｜上好印刷股份有限公司
國際書碼｜978-986-179-804-2 CIP：177.1/112003537

國家圖書館出版品預行編目資料

不受傷害也不傷害人的說話練習：寫給想要擁有美好關係的你／林玎珉著；陳品芳譯．——初版——台北市：大田，2023.11
面；公分．——（Creative；190）

ISBN 978-986-179-804-2（平裝）

177.1 112003537